中国贵金属
暨原油大宗商品
行业发展蓝皮书

China
Precious Metals
Crude Oil and Commodities
Market Blue Book

2017

中国外汇市场及贵金属暨原油大宗商品行业发展蓝皮书·下册

FX168金融研究院 编

上海财经大学出版社

图书在版编目(CIP)数据

2017中国外汇市场及贵金属暨原油大宗商品行业发展蓝皮书:上下册/FX168金融研究院编.—上海:上海财经大学出版社,2017.11
ISBN 978-7-5642-2860-6/F.2860

I.①2… II.①F… III.①外汇市场—研究报告—中国—2017 ②贵金属—商品市场—经济发展—研究报告—中国—2017 ③原油—商品市场—经济发展—研究报告—中国—2017 IV.①F832.52 ②F724.7

中国版本图书馆CIP数据核字(2017)第261953号

□ 责任编辑　李志浩
□ 封面设计　侯南恩

2017 ZHONGGUO WAIHUI SHICHANG JI GUIJINSHU JI YUANYOU DAZONG SHANGPIN HANGYE FAZHAN LANPISHU
2017中国外汇市场及贵金属暨原油大宗商品行业发展蓝皮书
FX168金融研究院　编

(下册·2017中国贵金属暨原油大宗商品行业发展蓝皮书)

上海财经大学出版社出版发行
(上海市中山北一路369号　邮编200083)
网　　址:http://www.sufep.com
电子邮箱:webmaster@sufep.com
全国新华书店经销
上海景条印刷有限公司印刷装订
2017年11月第1版　2017年11月第1次印刷

889mm×1194mm　1/16　6.75印张　135千字
定价:168.00元(上下册)

2017 中国贵金属暨原油大宗商品行业发展

编辑委员会

总　编

江　泰

主　编

李鲁平

编　辑

张凌骏　梅菊桃　王特利尔

编委会成员

陈　尉　程　越　郭永生　金腾骏　魏虓铳
张　玲　郁　欣　钊　翠　张　尧

编辑说明

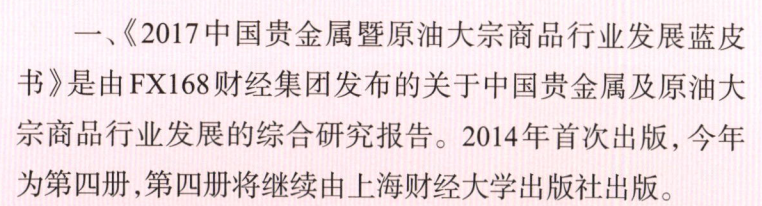

一、《2017中国贵金属暨原油大宗商品行业发展蓝皮书》是由FX168财经集团发布的关于中国贵金属及原油大宗商品行业发展的综合研究报告。2014年首次出版，今年为第四册，第四册将继续由上海财经大学出版社出版。

二、本书共分为八个部分，第1部分，中国贵金属及原油大宗商品行业发展大事记；第2部分，国家及地方交易场所监管及发展新动向；第3部分，贵金属及原油大宗商品投资者行为及入市动机分析；第4部分，国内外主要交易所贵金属及能源类品种交易表现；第5部分和第6部分，2017年贵金属及原油大宗商品走势回顾、分析及2018年展望；第7部分，专题研究；第8部分，附录。

三、本书内容和数据均由FX168财经集团通过公开渠道、自身运营数据、外部邀稿采集、编辑，数据力求真实有效。

四、在编辑蓝皮书过程中，得到各金融机构、高校学者、科研院所和个人投资者的大力支持和协助，在此一并致谢。愿中国贵金属及大宗商品行业在大家共同努力下蓬勃发展。

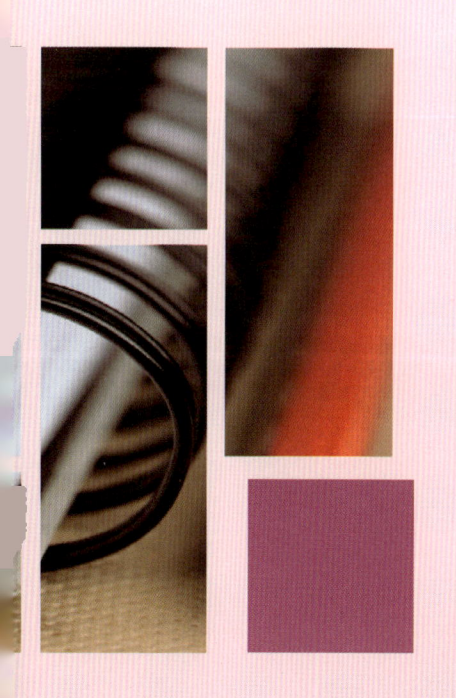

《2017中国贵金属暨原油大宗商品行业发展蓝皮书》编委会

2017年10月

序

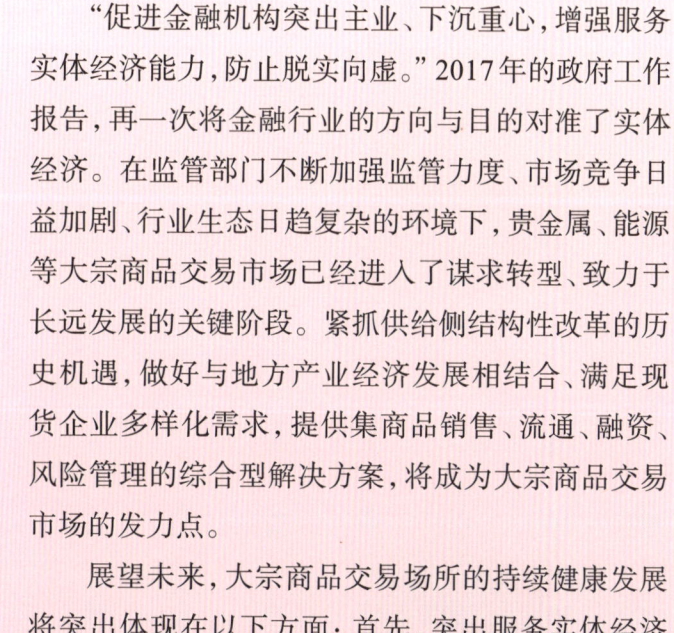

"促进金融机构突出主业、下沉重心,增强服务实体经济能力,防止脱实向虚。"2017年的政府工作报告,再一次将金融行业的方向与目的对准了实体经济。在监管部门不断加强监管力度、市场竞争日益加剧、行业生态日趋复杂的环境下,贵金属、能源等大宗商品交易市场已经进入了谋求转型、致力于长远发展的关键阶段。紧抓供给侧结构性改革的历史机遇,做好与地方产业经济发展相结合、满足现货企业多样化需求,提供集商品销售、流通、融资、风险管理的综合型解决方案,将成为大宗商品交易市场的发力点。

展望未来,大宗商品交易场所的持续健康发展将突出体现在以下方面:首先,突出服务实体经济功能,深化产业合作。近几年,黑色钢铁行业呈现产能过剩,B2B服务平台以该供给侧改革着力品种为突破口,提供包括信息化仓储加工服务、第四方物流平台、互联网金融业务、国际电商等服务,努力改变原有的发展模式。当前一些平台借鉴了黑色品种成功运营经验,向化工、有色品种拓展,丰富着大宗

商品服务体系。其次，与产业发展需求相匹配，以参与企业的需求为支持，满足其多样化的风险管理和融资需求。当下，单纯的现货贸易或仅通过价格波动获取收益的功能结构已难以满足产业参与者多元化需求。只有将传统的现货贸易与风险管理紧密结合、互为依托，才能真正铸就企业的现代风险管理生态链条，为实体企业的发展保驾护航。最后，要切实地结合地方产业经济的发展。每个平台只有这样才能逐步实现差异化竞争，实现平台发展的特色化，并切实服务区域经济的发展。

FX168财经集团已连续四年编撰发布行业发展蓝皮书，对大宗商品行业进行了全面的梳理，展示了行业的现状和发展趋势，提供了行业研究信息及投资方向。在大宗商品市场竞争加速、创新不断的环境下，行业蓝皮书为行业进行宏观把握提供了依据，也将助力大宗商品平台的建设者砥砺前行。

天津贵金属交易所总裁　苏宁
2017年8月

序

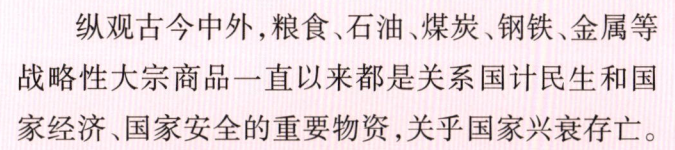

纵观古今中外,粮食、石油、煤炭、钢铁、金属等战略性大宗商品一直以来都是关系国计民生和国家经济、国家安全的重要物资,关乎国家兴衰存亡。

早在汉朝时期,"丝绸之路"以丝绸、陶瓷等贸易为媒介连接亚洲、非洲和欧洲的古代陆上商业贸易,这条路线的商品贸易推动了整个线路上各国经济的繁荣,从此各大陆之间的商品贸易拉开序幕。随着世界经济一体化,资源全球化配置,战略性大宗商品已经成为世界范围最大体量的贸易品类及金融系统高频交易的主要载体,日益成为国家经济及安全的重要组成部分。

2014年,中国原油进口量3.08亿吨。2015年,中国原油进口量3.28亿吨,其中6月原油进口量同比大涨27%,7月大涨29%达3 071万吨,创历史新高。2016年中国原油进口量3.8亿吨,创6年最大增幅。2014年在国际铁矿石价格回调的情况下,我国进口量仍保持9.33亿吨,远超2013年的8.203亿吨。2015年中国铁矿石进口量更是达到9.53亿吨。2016年我国进口铁矿石10.24亿吨,增长

7.5%。

可见，我国对大宗商品的巨大需求对世界经济做出了较大贡献。国际金融市场大宗商品价格更因为所谓的"中国因素"而跌宕起伏，使我国额外又付出更加高昂的代价、面对更剧烈的价格波动和供需风险。"株冶事件""中航油事件""中储棉事件""国储铜事件"等这些事件造成直接损失就近百亿元，充分揭示出我国在大宗商品领域监管和深层次研究的薄弱。

在我主编《中国战略性大宗商品发展报告》连续三年顺利出版、好评如潮之际，欣然接到FX168财经集团出版《2017中国贵金属暨原油大宗商品行业发展蓝皮书》作序邀请，甚是感慨和欣慰！因为去年也是邀请我做序，正如《周易·文言》曰："君子学以聚之，问以辩之，宽以居之，仁以行之。"

"十三五"期间，国内外政治经济环境更加错综复杂，世界主要经济体走势和宏观政策取向分化，金融市场波动加大，全球贸易持续低迷，贸易保护主义抬头，新兴经济体困难和风险明显加大。

《2017中国贵金属暨原油大宗商品行业发展蓝皮书》主要由八个部分组成，第1部分为中国贵金属及原油大宗商品行业发展大事记，第2部分为国家及地方交易场所监管及发展新动向，第3部分通过FX168自身运营数据及第三方合作公司的数据对贵金属及原油投资者行为及入市动机进行分析，第4部分为国内外主要交易所贵金属及能源类品种交易表现，第5部分和第6部分为2017年贵金属及原油大宗商品走势回顾、分析及2018年展望，第7部分为专题研究，围绕中国大宗商品市场发展与金融稳定话题邀请高校学者参与蓝皮书的撰写，第8部分，附录。

"别人怀宝剑，我有笔如刀。"该蓝皮书凝结了编者和诸位作者的专业素养、家国情怀，横跨文理、纵览风云，将学术精神发扬到风起云涌的大宗商品领域，全面且严谨，在此预祝又一大宗商品行业研究标志性成果顺利出版、发行，同时我也希冀编著团队能坚持不懈，做出更多成果，在"上海金"日渐成熟、上期所上海国际能源交易中心开业之际，为大宗商品行业，尤其贵金属和原油市场研究领域的发展添砖加瓦、保驾护航！

上海对外经贸大学学术委员会委员、战略性大宗商品研究院副院长、教授　仰炬博士

2017年7月

序

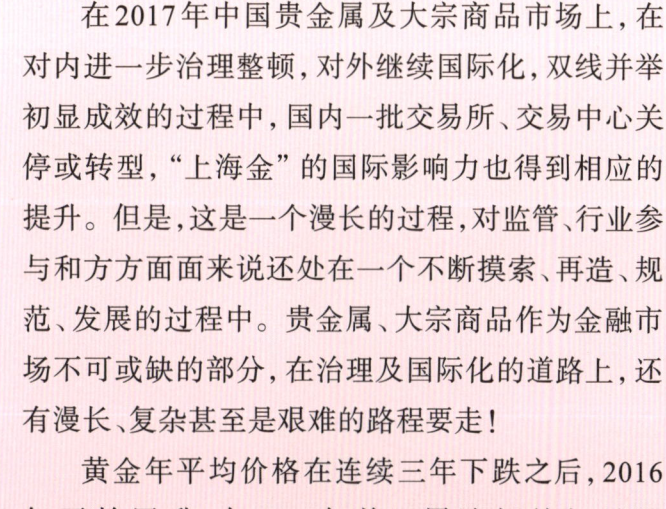

在2017年中国贵金属及大宗商品市场上，在对内进一步治理整顿，对外继续国际化，双线并举初显成效的过程中，国内一批交易所、交易中心关停或转型，"上海金"的国际影响力也得到相应的提升。但是，这是一个漫长的过程，对监管、行业参与和方方面面来说还处在一个不断摸索、再造、规范、发展的过程中。贵金属、大宗商品作为金融市场不可或缺的部分，在治理及国际化的道路上，还有漫长、复杂甚至是艰难的路程要走！

黄金年平均价格在连续三年下跌之后，2016年开始回升，仅2016年前10周涨幅就超过了20%，投资者的情绪也有所改善，截至目前，金价一直在1 200美元/盎司至1 400美元/盎司区间波动。在没有重大政治、军事事件发生的情况下，这也将是2017年下半年金价的波动范围。金价走弱为短线和长线投资者都提供了很好的投资机会，2017年初美国股市高歌猛进，但是，美元节节走高的态势在年内将逐步回落，在本轮金融市场盛宴落幕之后，一定会引起投资者对黄金兴趣的高涨。

1

2016年期间投资者买入黄金并不是为应对通货膨胀，预计2017年投资者也不会将购买黄金作为应对通货膨胀的手段，因为只有在通货膨胀大幅升高，对经济构成威胁时投资者才会踊跃买入黄金应对通胀。尽管2017年通货膨胀或将小幅走高，但不会升至足以促使大量投资者为资产保值增值而入市抢购黄金的水平。2017年这一轮美国经济增长已进入后期，如果特朗普总统兑现他关于放松管制和大幅增加基础设施建设开支的政策承诺，很可能让人们对高通货膨胀的忧虑复燃。货币市场波动性是支撑2016年黄金投资需求的因素之一，2017年亦会如此。美国正在收紧货币政策，但是，其他很多国家仍在实施宽松的货币政策，这将是导致货币市场波动性增大的主要原因。此外，各经济体存在的经济和政治的不确定性也将加剧货币市场的波动，从而可能在2018年及以后刺激起为抵御通货膨胀而买入黄金的热潮。

随着我国经济的发展，我国已成为全球原油消费和进口大国，但在国际原油贸易中的定价权却主要以伦敦市场的布伦特原油期货和纽约市场的WTI原油（西得克萨斯轻质原油）期货为基准，其价格难以客观、全面反映亚太地区的供需关系，为此经过多年的筹备，作为上海期货交易所子公司的上海国际能源交易中心（INE）准备在近期推出原油期货，这将给我国原油市场带来新的发展和机遇。

为全面回顾2017年中国贵金属及原油大宗商品市场，FX168财经集团倾注心血编著了《2017中国贵金属暨原油大宗商品行业发展蓝皮书》。本书主要分八大部分，分别从行业、市场及投资者等不同角度进行回顾、分析和探讨。

FX168财经集团已连续编著四期《中国贵金属暨原油大宗商品行业发展蓝皮书》，其丰富的内容已成为深受业内人士欢迎的工具书，在此我代表中国生产力商品流通工作委员会向他们表示由衷的感谢！

中国生产力促进中心协会普惠金融服务工作委员会会长　侯惠民
2017年9月

侯惠民教授（博导）曾任中国黄金协会专职副会长，亚洲产业科技创新联盟主席。现任亚洲珠宝联合会副主席、联合国授予国际宝玉石专家、中国生产力商品流通工作委员会会长，先后创立了贵金属交易师、原油交易师、外汇资产管理师、珠宝玉石交易师4个国家职业，为国家培养了大批专业人才。

目 录

序 ....苏　宁　1
序 ....仰　炬　1
序 ....侯惠民　1

第1部分　中国贵金属及原油大宗商品行业发展大事记

（一）行业发展大事记（2016—2017）..2
（二）中国大宗商品指数试运行成果显著..9

第2部分　国家及地方交易场所监管及发展新动向

（一）部际联席会议部署史上最严清理整顿..12
（二）国家及地方主要交易场所发展新动向..17
　　1. 上海黄金交易所："上海金"市场化、国际化发展在路上..........................17

  2. 香港交易所："两地双金"隆重上市 20
  3. 上海期货交易所：稳中求进，原油期货年内上市全线展开 22
  4. 转型中的天津贵金属交易所步步为实 24
  5. 清理整顿"风暴"下的国内其他交易场所 28

（三）国际主要交易所最新动态 30
  1. 芝加哥商业交易所第五次荣膺"亚洲年度最佳国际交易所" 30
  2. 洲际交易所将接手白银基准定价 31

第3部分 贵金属及原油投资者行为及入市动机分析

（一）交易数据中的投资者行为分析（数据来自FX168盒子） 34
  1. 市场行情整体状况 34
  2. 市场财经数据整体状况 35
  3. 市场信息分析整体状况 35
  4. 市场交易账户整体状况 36

（二）投资者入市动机调查（数据来自天津贵金属交易所） 37
  1. 个人投资者重盈利，机构投资者重贸易流通 37
  2. 现货市场对衍生品需求空间大，行业待转型升级 38
  3. 现货市场对个人投资者和机构投资者吸引点各不相同 38
  4. 法律法规不健全是制约行业发展的首要因素 39
  5. 大多数投资者保有信心，贵金属现货行业发展机遇良好 40

第4部分
国内外主要交易所贵金属及能源类品种交易表现

（一）上海黄金交易所 42
  1. 2017年金交所交割量攀升，"上海金"成交异常活跃 42
  2. 上海黄金交易所会员金银成交量分析 45

（二）上海期货交易所 47

目 录

  1. 黄金、白银均显低迷,但白银成交量完胜黄金 47
  2. 铝成交量逆势成为明星,供给侧改革有望继续推升价格 49
  3. 供给侧改革带来钢价稳步回升,螺纹钢再现疯狂一天 49
(三)CME旗下金银期货交易状况 51
(四)CME的WTI及ICE的布伦特原油交易状况 53

第5部分　贵金属走势回顾、分析及展望

(一)贵金属供需基本面分析 56
  1. 黄金需求遭遇寒流,供应峰值或将至 56
  2. 白银供不应求的状态料将持续 59
(二)"黑天鹅"起舞,全球地缘政治风险大爆发 60
  1. "特朗普时代"到来 60
  2. "通俄门"一度愈演愈烈 61
  3. 欧洲政治忧虑丛生 62
(三)主要央行货币政策迎来拐点 64
  1. 低通胀仍是忧虑焦点,但美联储坚守立场,12月加息有望 64
  2. 各主要央行的态度转变 66
(四)避险需求升温,黄金投资情绪持续好转 68
  1. 黄金ETF持仓继续增加,CFTC多头强劲 68
  2. 全球股市连刷新高引发忧虑 70
  3. 金价前景展望 71

第6部分　原油市场走势分析：
多方基本面支持,中期看好

原油市场走势分析 76
  1. 原油基本面分析 76
    减产协议 76

3

中东地缘政治 78
　　美国原油增产量、去库存 78
　　亚洲国家增加原油进口 80
　2. 原油技术面分析及后市展望 80

第7部分　专题研究

中国大宗商品市场发展与金融稳定 .... 田　野　84

第8部分　附　录

特别鸣谢为本蓝皮书撰写提供支持的机构（按首字母排序） 88

第1部分

中国贵金属及原油大宗商品行业发展大事记

（一）行业发展大事记（2016—2017）

2016年1月11日，上海黄金交易所会同中国外汇交易中心启动银行间黄金询价市场做市业务。

2016年1月13日，广州市金融局发布《广州市民应警惕外省交易场所在穗违规经营》通知，并公布广州市属及在广州注册的省直交易场所名单。广东省政府授权省金融办、商务厅等部门对广东省各类交易场所进行监管，广州市对口部门负责协调管理工作。

2016年1月21日，香港交易及结算所行政总裁李小加称，未来三年港交所计划在中国内地建设大宗商品现货交易及融资平台，并深化股票和定息与货币产品跨境交易服务。港交所于2012年收购伦敦金属交易所而拥有全球商品定价基准地位，下一步将瞄准中国内地市场。

2016年2月18日，厦门市人民政府与上海黄金交易所在上海签署了合作备忘录。

2016年2月19日，江苏省人民政府金融工作办公室印发《关于进一步加强对引入第三方价格交易场所监管的通知》，通知要求进一步加强对引入第三方价格交易场所的监管，具体主要包括提高投资者门槛和保证金比例；全面接入江苏省统一登记结算系统；加强业务相关机构管理及信访处理。

2016年2月23日，香港交易所总裁李小加表示，将推出人民币计价的黄金合约。

2016年3月1日，北京市金融工作局印发《北京市交易场所管理办法实施细则》，北京市行政区域内设立的交易场所以及外地交易场所在北京设立的分支机构迎来了制度规范化的时代，主要明确了交易场所开设门槛，未完成整改的企业名称将被取消"交易"或"交易所"字样；交易场所严格投资者准入门槛；建立投资者适当性管理制度；建立统一登记结算平台及信息监测平台。

2016年3月7日，芝加哥商业交易所集团和汤森路透宣布，中国建设银行将作为新成员参与伦敦金银市场协会的白银定价体系。

2016年3月18日，央视"焦点访谈"节目就北京石油交易所一会员单位的违规行为进行了报道。北油所3月19日通过官网对外发表声明，表示自成立以来一直在相关政府部门的监督管理下谋求规范发展。

2016年3月23日，上海黄金交易所与香港交易及结算所共同表示，二者已经联手，可能推出贵金属合约并强化两家交易所之间的联系。

2016年4月11日，中国工商银行宣布已经正式获准加入伦敦金银市场协会黄金价格机制，成为LBMA黄金定盘商。这将进一步提升中国在全球贵金属市场的影响力。

2016年4月19日，上海黄金交易所正式挂牌"上海金"集中定价合约。"上海金"定价业务是上海黄金交易所积极顺应国内外黄金市场发展趋势，结合自身优势，面向市场研发设计推出以人民币标识、交易和结算的黄金集中定价机制。

2016年4月25日，香港金银业贸易场荣誉常任主席Haywood Cheung Tak-hay表示，中国香港正与中国工商银行联手，计划在深圳前海自贸区打造一座10亿港元的黄金交易中心，为商业用户和贵金属交易商提供黄金托管以及实物黄金交易结算服务。中国工商银行目前在前海自贸区为香港交易员和制造商储存黄金提供了临时保税仓库。

2016年5月3日，中国人民银行官网发布新闻稿，根据《黄金及黄金制品进出口管理办法》，为进一步简化审批手续，促进贸易便利化，中国人民银行、海关总署决定开展《中国人民银行黄金及黄金制品进出口准许证》"非一批一证"管理试点工作。

2016年5月17日，中国工商银行同意购买伦敦大金库，金库由巴克莱出售，位于秘密地点，可容纳2 000吨黄金、白银、铂金和钯金。

2016年5月19日，上海黄金交易所拟改革"黄金交易员资格考试"方式，设立"全国黄金交易从业水平考试"，并定于2016年6月19日举办2016年度第一次考试。

2016年5月25日，中国证监会副主席方星海在上海衍生品论坛上表示，中国计划向更多外国投资者开放国内期货市场，并推出更多期货产品，包括原油期货。

2016年5月30日，浦发银行宣布成功加入伦敦金银市场协会，并被授予普通会员资格，这也是国内首家加入该协会的股份制商业银行。

2016年5月31日，天津贵金属交易所表示该所的现货挂牌交易交收模式已获得天津市金融局的正式批准，并计划于2016年6月6日正式上线运行。

2016年6月初，北京市金融工作局正式下发《关于要求交易场所履行变更审批程序有关事宜的通知》，通知指出，以下三类情况需符合《国务院关于清理整顿各类交易场所切实防范金融风险的决定》《国务院办公厅关于清理整顿各类交易场所的实施意见》和《管理办法》对交易方式的各项规定。在市政府批准的交易范围内新设涉众（面向不特定自然人投资者）交易品种的；超出市政府批准交易范围新设交易品种的；变更交易方式的，应及时履行变更审批程序。

2016年6月1日，重庆市人民政府与上海黄金交易所签署战略合作备忘录，就深入落实国家"一带一路"战略、共同推进黄金市场发展达成合作共识。

2016年6月8日，洲际交易所基准管理机构（ICE Benchmark Administration）宣布中国交通银行自6月8日起加入伦敦金银市场协会黄金定盘价。

2016年6月8日，大连证监局发布《大连证监局促请地方政府进一步加强交易场所监管》，要求严格按照国发38号文和国办发37号文要求，由省级人民政府审慎批设新的交易场所；进一步加强交易场所的监管；及时稳妥处理各类投诉举报，做好风险防控工作。

2016年6月25日，据悉百度当日零时起执行《关于"大宗商品""二元期权"等行业禁止推广的通知》，一是大宗商品交易行业从大金融行业中剔除，所有推广客户禁止推广大宗商品交易行业；二是所有推广客户禁止推广二元期权交易（指基于衍生金属工具和其他有价证券的金融和商品交易）；三是海外金融类客户：除美国、英国、中国香港地区以外，其他国家或地区海外金融类客户禁止推广。

2016年6月28日，云南省人民政府与上海黄金交易所在云南昆明签署战略合作备忘录，就共同打造中国黄金市场"一带一路"南亚、东南亚辐射带，协同推进昆明区域性国际金融服务中心等事项达成合作共识。

2016年7月1日，北京登记结算有限公司获批并落户海淀，为保障北京要素市场安全稳定运行，并为各交易场所提供交易信息登记注册、资金支付结算和存托管、数据监控等服务。

2016年7月14日，海南省人民政府印发《关于印发海南省交易场所管理暂行办法的通知》，主要提出设立交易场所须经省政府批准。未经国务院相关金融管理部门批准，不得设立从事保险、黄金等金融产品交易的交易场所。大宗商品、国有产权、文化产权等领域交易场所的设立、变更和终止，国家及本省另有规定的，从其规定。

2016年7月25日，江苏省金融办发布《关于进一步加强对全省各类交易场所监管的通知》，从投资者适当性管理、交易场所和交易产品审批、对接统一登记结算系统、重视交易场所信访投诉、强化属地监管职责五个方面进一步加强全省各类交易场所监管。

2016年7月25日，新疆维吾尔自治区金融办发布《自治区各类交易场所互联网金融风险专项整治工作实施方案》，明确工作目标、原则、整治重点，对各类交易场所互联网专项整治工作做出安排并提出要求。针对各类交易场所业务运行特点,设计信息排查表,列出相关要素,将工作切实落到实处。

2016年7月28日,重庆市人民政府办公厅发布《关于进一步加强要素市场风险防控工作的通知》,通知提出要强化要素市场风险防控主体责任,持续提升要素市场监管效能,切实加强部门协同监管力度,全面落实风险防控属地管理责任。

2016年9月9日,香港交易所与山东省政府签订合作备忘录,促进双方沟通合作,支持及推动在资本市场和大宗商品领域的发展。

2016年9月9日,福建省政府法制办发布《福建省人民政府关于修改＜福建省交易场所管理办法＞的决定（草案征求意见稿）》的通知,草案内容主要包括交易场所建立健全的组织机构、内部管理制度、市场管理制度和风险控制制度;强化日常监管的属地管理原则;建立完善交易场所的经营管理;建立交易场所集中登记结算制度,由统一的第三方清算机构对交易场所实行投资者和交易标的统一登记、保证金统一存管、交易统一结算;按照有关规定提取风险准备金,并交由清算机构统一管理;风险准备金应当单独核算,专户存储,专款专用。

2016年9月4—10日,上海黄金交易所理事长焦瑾璞率代表团赴新加坡参加FT亚洲商品高峰论坛,随后赴泰国考察泰国黄金市场。

2016年9月21日,上海黄金交易所应邀出席在新疆乌鲁木齐举办的第五届中国—亚欧博览会"丝绸之路金融论坛（部长级）",并与新疆维吾尔自治区政府签署《战略合作备忘录》。

2016年9月18日—25日,上海黄金交易所副总经理宋钰勤率队赴美国、加拿大进行"上海金"推介和交易所业务推广。

2016年10月20日,宁夏回族自治区金融工作局等10部门联合印发《宁夏回族自治区交易场所监督管理实施办法（暂行）》的通知,要求各交易场所按本办法进行规范,自治区金融工作局将会同商务厅、文化厅、公安厅、工商局、中国人民银行银川中心支行、宁夏银监局、宁夏证监局等机构对各交易场所的规范整顿情况进行检查。

2016年10月28日,上海黄金交易所与迪拜黄金与商品交易所（DGCX）签署上海金基准价授权使用协议,后者将使用该基准价开发上海黄金期货合约,并成为首个利用"上海金"开发衍生产品的国际交易所。

2016年11月15日,迪拜黄金与商品交易所宣布,中国工商银行已经成为DGCX旗下全资子公司迪拜商品清算公司（DCCC）的结算行。随着中国工商银行的加入,迪拜商品清算公司的全球结算行总数上升至6家。

2016年11月26日,经过一年多的试运行,中国国家级能源交易平台——上海石油天然气交易中心正式运行,标志着中国能源市场建设又迈出重要一步。

2016年12月5日，中国证监会副主席方星海表示，未来将开发、上市更多符合实体经济需要、市场条件具备的期货新品种，包括推出原油期货和白糖、豆粕等商品期权。

2017年1月9日，清理整顿各类交易场所部际联席会议第三次会议在北京召开。此次会议经摸底调查，全国共有300多家涉嫌非法期货交易、"类证券"投机交易等违规交易场所。联席会议要求各省必须在2017年1月23日前就各省地方交易场所存在的问题提出整治方案给联席会议；在2017年3月31日前，各省必须向部际联席会议通报工作进展情况；在2017年6月30日前，各地区的政府向联席会议办公室报送交易所存在问题与风险解决方案的工作报告。

2017年2月23日，北京市金融工作局正式向相关交易场所下发加强规范整改工作的通知。该通知指出，相关交易场所开展的邮票、钱币等交易业务涉嫌违规组织"类证券"交易活动，要求其限期完成规范整改。

2017年3月15日，深圳市金融办率先发布公告，广东国龙贵金属经营有限公司深圳分公司等17家交易机构涉嫌违反国发〔2011〕38号、国办发〔2012〕37号文件以及《深圳市交易场所监督管理暂行办法》（深府〔2013〕64号）有关规定。

2017年3月20日，江西省公布第一批涉嫌违反国发〔2011〕38号、国办发〔2012〕37号文件规定企业名单，名单中共包含9家企业。

2017年4月25日，陕西省发布涉嫌违反国发〔2011〕38号、国办发〔2012〕37号文件规定企业（第一批）名单。

2017年4月26日，按照清理整顿各类交易场所部际联席会议第三次会议的工作部署，青岛市发布第一批清理整顿各类交易场所"黑名单"。

2017年5月11日，上海期货交易所在网站上通知，子公司上海国际能源交易中心发布原油期货业务规则。同时，能源交易中心还发布了《上海国际能源交易中心章程》《上海国际能源交易中心交易规则》以及11个相关业务细则。

2017年5月16日，北京市金融工作局发布清理整顿各类交易场所"回头看"工作涉及企业（第一批）进行风险提示的通告。

2017年5月18日，青海省人民政府发布关于清理整顿各类交易场所"回头看"工作涉及企业（第一批）相关风险提示的公告。

2017年5月23日，湖南省发布26家涉嫌违反国发〔2011〕38号、国办发〔2012〕37号文件的交易场所风险企业提示名单。

2017年6月12日，上海国际能源交易中心股份有限公司公告称，为平稳推出原油期货，将进行四次全市场生产系统演练，时间分别在6月17日—18日、6月24日—25日、7月1日—2日、7月8日—9日。

2017年6月15日，江苏省公布清理整顿各类交易场所"回头看"工作中涉嫌违规企业名单的通告,7家企业上榜。

2017年6月17日,中国证监会副主席方星海表示,中国计划"大力发展"国内商品指数和以之为标的的交易所交易基金(ETF),商品市场将向更多境内和境外的投资者开放。

2017年6月23日,黑龙江省人民政府办公厅印发关于《黑龙江省清理整顿各类交易场所"回头看"行动工作方案》的通知,总结工作延长至9月。

2017年6月28日,贵州省商务厅发布清理整顿商品现货类交易场所"回头看"活动现场检查审核意见书,贵州中进大宗商品交易中心、贵州黔中生态茶交易中心等5家纳入"白名单"。

2017年6月29日,浙江省发布清理整顿各类交易场所工作中涉嫌违规企业名单(第一批),6家企业涉嫌违规。

2017年6月29日,河南省清整办组织省商务厅、省文化厅、河南证监局、省工商局等成员单位,对经省政府批准的交易场所整改规范情况开展评审,并公布通过整改的17家交易场所"白名单"。

2017年6月30日,四川省公布清理整顿各类交易场所"回头看"工作涉及(第一批15家)企业名单。

2017年6月30日,福建省对外发布清理整顿各类交易场所"回头看"工作涉及企业(第一批)进行风险提示的通告,8家企业被点名。

2017年6月30日,山东金融办发布交易场所"白名单"。此份"白名单"分为两部分,"开展权益类交易业务"的交易场所有17家公司上榜,另外一部分为"开展介于现货与期货之间的大宗商品交易业务"的交易场所,共计10家公司在列。

2017年7月7日,北京市金融工作局发布关于对北京市清理整顿各类交易场所"回头看"工作涉及企业(第三批)进行风险提示的通告。

2017年7月7日,甘肃省清理整顿各类交易所联席会议办公室发布已经通过验收的交易所"白名单",甘肃股权交易中心股份有限公司等3家公司上榜。

2017年7月10日,香港交易所的人民币黄金期货和美元黄金期货正式上市。同时,旗下伦敦金属交易所(LME)正式推出LMEprecious黄金及白银现货合约,宣告其加入伦敦这个5万亿美元的全球最大黄金场外交易市场的角逐。

2017年7月16日,新疆维吾尔自治区人民政府对《新疆维吾尔自治区交易场所监督管理办法(试行)》进行修订,并印发了《新疆维吾尔自治区交易场所监督管理办法》(新政发〔2017〕95号)。

2017年7月18日,吉林省金融办发布清整"回头看"工作涉企名单(第二批),5家企业被点名。

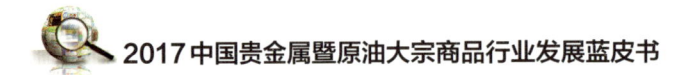

2017年7月24日,河南省商务厅发布涉嫌违反国发〔2011〕38号、国办发〔2012〕37号文件规定的商品现货交易类名单(第一批),14家企业上榜。

2017年7月25日,广州市金融局印发《广州市关于促进各类交易场所规范发展的暂行办法》,其附件内容显示,20家交易场所纳入管理范围。

2017年8月2日,北京市金融工作局发布修订《北京市交易场所管理办法实施细则》有关条例的通告。

2017年8月7日,河北省清理整顿各类交易场所工作领导小组办公室印发《关于公布河北省涉嫌违规交易场所第一批"黑名单"的通知》。

2017年8月7日,浙江省清理整顿各类交易所工作领导小组办公室发布交易所规范保留类"白名单",其中8家上榜。

2017年8月9日,湖南省金融办发布关于对部分交易场所进行风险提示的公告。公告称,有个别交易场所不执行国发〔2011〕38号、国办发〔2012〕37号文件要求。在清理整顿期间,未执行"五停止"要求,违规开展业务,影响极其恶劣。对此,湖南省金融办责令这类企业立即开展自查自纠,严格执行清理整顿工作要求。

2017年8月14日,按照清理整顿各类交易场所"回头看"工作有关部署和要求,江西省公布交易场所第一批6家"白名单"。

2017年9月5日,青海省公布清理整顿各类交易场所第二批"黑名单",青海熠昌商贸有限公司、青海卓域商务咨询有限公司等7家机构上榜。

2017年9月15日,青岛市发布清理整顿各类交易场所"回头看"工作"第二批"涉嫌违规交易企业名单,青岛国亨商品经营有限公司等12家公司上榜。

2017年9月18日,海南省政府金融工作办公室公布关于通过清理整顿各类交易场所"回头看"检查验收交易场所名单的通告,海南国际商品交易中心、海南大宗商品交易中心、海南产权交易所等6家纳入"白名单"。

2017年9月28日,陕西省发布关于对《陕西省交易场所监督管理暂行办法(征求意见稿)》征集意见的公告。

注:2016年以前行业发展大事记请参阅FX168历年蓝皮书。

（二）中国大宗商品指数试运行成果显著

中国大宗商品指数自2016年6月发布以来运行成果显著。该指数由中国物流与采购联合会发布，它填补了我国大宗商品缺乏综合指标体系的空白。中国大宗商品指数每月5日上午9时通过媒体对外发布。

中国大宗商品指数主要由大宗商品供应指数、大宗商品销售指数、大宗商品库存指数和大宗商品价格指数构成。它是一套立足于大宗商品生产、流通企业，通过快捷的调查方式，以抽样调查的方式，采集详实、动态的数据信息，反映大宗商品市场价格变化、运行状况和发展变化趋势的指标体系。通过大宗商品指数的综合变化可观察各行业乃至国民经济运行的发展状况和变化规律。

该指数经过近一年的试运行，取得了重要成果。从公布的2017年各月中国大宗商品指数的走势来看：1月份，受节日因素影响，中国大宗商品指数回落较为明显，其余各月均呈现增长态势，特别是3月份增幅较为明显，表明2017年以来随着供给侧结构性改革的不断深化，大宗商品市场规模增速回升，供需矛盾缓解，价格回升，企业经营状况改善。从试运行的情况来看，中国大宗商品指数能够很好地反映出当前大宗商品市场以及大宗商品流通各个环节的变化趋势，特别是大宗商品库存指数更是直观地反映了供给侧改革给整个行业带来的积极变化。

中国大宗商品指数基本反映了我国大宗商品行业发展运

行的总体情况,从相关性看,中国大宗商品指数与工业生产、固定资产投资、进出口、货币供应等经济指标变化趋势具有较高的一致性。

中国大宗商品指数是一个开放的体系,在指标设置、覆盖范围等方面可以不断拓展。中国物流与采购联合会将继续拓展采集范围,不断丰富和完善中国大宗商品指数体系,充分发挥大宗商品指数对大宗商品行业乃至宏观经济的监测预警作用,引领大宗商品市场健康有序发展。

中国证监会副主席方星海2017年6月17日在山东青岛举行的2017中国财富论坛上发表演讲称,中国计划"大力发展"国内商品指数和以之为标的的交易所交易基金(ETF),商品市场将向更多境内和境外的外投资者开放。

方星海表示,国内大宗商品期货价格的风险回报特点使其具备大类资产配置的价值。在现金、债券、股票、大宗商品和房地产这五类资产中,对于中国投资者而言,只有大宗商品具有更广泛的全球定价的特点,这就决定了其与国内其他大类资产具有天然的低相关性。

同时,我国大宗商品期货市场规模不断扩大,初步具备大类资产配置所需的市场容量。但是以大宗商品为基础资产的金融产品占整体资管产品的比重还很低。

2016年,上海、大连和郑州三家商品期货交易所共成交商品期货约41.19亿张,同比增长27.26%,约占全球商品期货与期权成交总量的近六成份额。我国大宗商品期货成交量已连续7年位居世界第一。

方星海表示,"配置商品指数比配置一篮子商品的财务成本低,国际上机构投资者主要通过投资商品期货指数来进行资产配置。"

他指出,中国内地商品ETF产品中目前只有黄金标的,黄金ETF占整体ETF规模比例约5%。要加快国内市场对境外和部分境内投资者开放,推出更多商品期货和期权合约。

此外,方星海还说,要逐步推动国内大宗商品期货价格成为亚太甚至全球的基准价格,形成公开透明的"中国价格"。支持期货交易所在境外设立交割仓库和办事处,推动完善"保税交割"的相关政策。

第 2 部分

国家及地方交易场所监管及发展新动向

（一）部际联席会议部署史上最严清理整顿

2017年1月9日，清理整顿各类交易场所部际联席会议第三次会议在北京召开。会议认真学习贯彻中央经济工作会议关于防控金融风险的总体部署，围绕落实国务院关于进一步清理整顿各类交易场所的要求，通报了当前交易场所的情况和问题，研究讨论了进一步规范地方交易场所的政策措施。会议对下一阶段开展交易场所清理整顿"回头看"活动做出动员和部署。

会议认为，国务院对清理整顿各类交易场所的工作十分重视，先后下发了《国务院关于清理整顿各类交易场所切实防范金融风险的决定》（国发〔2011〕38号）、《国务院办公厅关于清理整顿各类交易场所的实施意见》（国办发〔2012〕37号），2012年1月批准成立了清理整顿各类交易场所部际联席会议。各有关部门、省级人民政府就清理整顿各类交易场所做了大量细致有效的工作，使得滥设各类交易场所和违法违规从事金融业务的势头得到了有效遏制。但近一个时期，部分交易场所违规行为死灰复燃，而且违法违规手法花样百出，问题和风险隐患依然较大。抓紧清理处置各类交易场所存在的突出问题，防范金融风险，维护投资者的合法权益，维护社会稳定，是贯彻落实中央经济工作会议精神的重要举措，具有重要意义和现实紧迫性。

会议指出，一些交易场所公然违反国务院38号、37号文件规定开展连续集中竞价交易，诱导大量不具备风险承受能力的投资者参与投资;部分贵金属、原油类商品交易场所开展分散式柜台交易涉嫌非法期货活动;部分邮币卡类交易场所开展现货发售模式涉嫌市场价格操纵;一些交易场所会员、代理商等机构涉嫌欺诈误导投资者;一些金融资产交易场所将收益权等拆分转让变相突破200人界限,涉嫌非法公开发行;"微盘"交易涉嫌聚众赌博。此外,部分地区盲目重复批设交易场所导致过多过滥,少数省市抢跑设立票据交易场所,部分股权交易场所违规上线私募债产生兑付风险。这些行为不仅违反国务院文件规定,有的甚至构成严重违法行为,侵害广大投资人利益,带来大量的信访投诉问题,影响社会稳定,亟需予以清理整治。

会议明确,部际联席会议各成员单位、有关部门和各级政府的相关职能单位,要牢牢把握稳中求进的总基调,着眼大局、敢于担当、主动作为,按照中央经济工作会议精神和国务院的要求,深入开展一次交易场所清理整顿"回头看"活动,用半年时间集中整治,切实解决交易场所存在的违法违规问题,防范和化解金融风险。

会议建议,各省级人民政府要继续认真落实国发〔2011〕38号文件规定的属地监管责任,加强和改进监管,重视风险防控,对已经暴露的问题和风险因素必须下决心尽早尽快处置,坚决防止发生区域性金融风险。

会议要求,部际联席会议各成员单位、各部门要按照职责分工,各司其职,协同行动,全力支持和指导省级人民政府将部际联席会议确定的清理整顿工作"回头看"各项整治措施和政策要求认真落实到位。坚决守住不发生系统性、区域性风险这条底线,以实际行动迎接党的十九大胜利召开。

本次会议指出,通过地方交易所摸底调查结果表明,目前国内共有1 131家交易场所。与上一轮清理整顿后保留的交易场所相比,交易场所总量增加311家,且增加最多的是贵金属等商品类和文化艺术品类交易所。与此同时,国内违规交易场所已超过300家,占比接近30%。从区域看,交易场所数量超过50家的主要分布在东部,分别为大连86家、河北79家、上海71家、江苏70家、青岛66家、浙江66家、辽宁57家、黑龙江56家、北京50家。

此次会议所做的调研工作十分精细全面,将清理整顿违规交易品种具体化。根据联席会议的统计,全国34个省(区、市)共设有交易场所1 131家,商品类交易场所共有596家,其中开展贵金属交易的有89家,开展原油交易的有59家(其中23家同时开展贵金属和原油交易),开展邮币卡交易的有15家;文化艺术品类交易场所共有113家,其中开展邮币卡交易的有37家,全国违规交易场所共有300余家,约占总数的27%。分类别看,邮币卡、贵金属、原油交易的违规率最高,邮币卡85%(共45家),贵金属85%(共76家),其中同时开展贵金属和原油交易的高达87%(20家违规)。从内容可以看出,本次重点清理整顿品种是贵金属、原油、邮币卡。

联席会议要求各省必须在2017年1月23日前将各省地方交易场所存在的问题提出整治方案给联席会议,在2017年3月31日前,各省必须向部际联席会议通报工作进展情况。在2017年6月30日前,各地区的政府向联席会议办公室报送交易所存在的问题与风险解决方案的工作报告。

交易场所掀起关停潮,"黑名单"陆续公布

进入到2017年6月,为确保"回头看"工作按照时间节点保质保量完成,江西、吉林、北京等省(市)及广东广州、河南洛阳、湖南长沙等地,纷纷召开各类交易场所清理整顿"回头看"工作推进会。吉林证监局与吉林省金融办还联合举办了"全省清理整顿各类交易场所及防范和打击非法证券期货活动政策解读"专题培训会。

按计划,6月30日,清理整顿各类交易场所"回头看"活动告一段落,部际联席会议要求各地公布"黑名单"和清理整顿验收后的"白名单"。截至7月中旬,已有江苏、浙江、江西、河南、湖南、福建等17个省份相继通过官方渠道发布了"黑名单",共计223家企业登榜。另还有青岛、深圳等地发布了50家违规交易场所名单。

一边是清理整顿工作的会议召开与部署,一边是清理整顿进展的实时公布。6月6日,甘肃省公布了第一批"黑名单",兰州锦东尚投商品交易有限公司等6家企业上榜。6月1日,贵州省第一批"黑名单"公布,贵州中筹大宗商品有限公司、贵州明珠文化艺术品交易所有限公司等3家上榜。5月27日,北京市公布了第二批"黑名单",北京聚金汇银商品经营有限公司等12家企业上榜。5月26日,甘肃省平凉市列出了平凉盛世大宗商品经营有限公司等19家"黑名单"。5月19日,山西省公布了第一批"黑名单",名单中不仅有山西国盛有色金属交易中心、山西聚英贤国际酒业交易中心4家涉嫌违规的交易场所,还关停了瑞凝云微盘、金德大宗掌上财富5家微盘交易机构。

与山西省同日,湖南省金融办发布"关于对我省部分交易场所风险企业提示",披露了"交易场所风险企业提示名单",包括湖南阿凡商品现货交易中心、湖南华夏商品交易市场等19家商品类企业和湖南文化艺术品产权交易所、湖南华强文化艺术品交易中心、湖南省中南邮票交易中心等7家文化类交易场所。

既有"黑名单"的放出,也有"白名单"的登场,山东省则是率先公布了通过检查验收的交易场所名单。不仅山东,还有河南省、贵州省、甘肃省三个省份的"白名单"相继公布。

值得注意的是,从表面看来,各地清理整顿工作稳步推进,但根据证监会近期牵头召开的清理整顿各类交易场所"回头看"工作交流会的内容,地方各类交易场所的问题仍然很大,风险较为突出,形势不容乐观。

在会议上有关负责人特别强调目前各个地区"回头看"工作进度不一,有的地区尚

未公布"黑名单",有的地区未按要求梳理通报交易场所会员、代理商、授权服务机构等情况,有的地区对重点交易场所的清理整顿迟迟未按照要求付诸行动。

因此,联席会议呼吁,希望各地区、各部门坚持全国"一盘棋",守土有责,对交易场所分类处置,该关闭的坚决关闭,该规范的切实规范,该整合的限期整合,该转型的及时转型,坚决打击违法违规交易。

清理整顿风暴之下未来市场如何发展

监管层对于各类交易场所的清理整顿从未消歇,随着2017年清理整顿工作"回头看"活动在6月30日告一段落,面对严厉的清整,大宗商品电子交易市场眼下的路该如何走,明天市场剑指何方?

行业专家们认为,持续深入的清理整顿工作对于大宗商品市场既是机遇,也是挑战。中国物流与采购联合会会长何黎明表示,当前,我国商品交易市场法律法规建设滞后、市场监管不适应、行业自律缺失、诚信体系不健全等问题,阻碍了市场的商业模式创新和功能作用发挥。我国现代商品市场体系的健全与完善,亟待补齐为市场创新发展保驾护航的监管短板。

国务院发展研究中心市场经济研究所期货证券研究室原室主任廖英敏表示,因有市场需求,大宗商品市场在不断被清理整顿下依然存在。并且在清理整顿工作中,违法违规的交易平台在被逐步清除,市场环境得到了净化,真正服务实体经济的现货交易市场将得到肯定和持续发展的机会。

在廖英敏看来,脱虚向实,为实体经济服务才是大宗市场生存与发展的基础。她希望大宗商品交易场所应切实了解实体经济的真正需求,敢于创新再造大宗市场的服务模式,行业组织要带领市场提升规范水平,以此促进大宗市场转型发展。

对于大宗商品电子交易市场的清理整顿与发展,廖英敏指出,现有的大宗市场监管体系和制度已经实施六七年了,交易场所违规现象却屡禁不止。大宗市场作为经济社会发展不可或缺的组成部分,应当建立监管的长效机制,才能为大宗商品电子交易市场健康发展保驾护航。

廖英敏建议,国家应探索和创新监管模式,加快研究制定和出台具有针对性的法律法规体系,尽快明确大宗商品交易市场的监管主体,建立由政府、行业协会和商品交易场所构成的多层次监管体系。

西安交通大学管理学院副院长冯耕中指出,规范经营乃大宗商品电子交易市场生存和发展之本;加强风险控制、重视资金监管是大宗商品电子交易市场的管理核心;业务模式创新、服务水平提升是大宗商品电子交易市场的发展动力;加强基础设施环境建设是大宗商品电子交易市场发展的重要保障。

对于监管，冯耕中提出以下策略：在政府管理方面，要修订现有的法律法规，明确有关业务主体合法性，完善配套制度建设，提高司法执行效率；建立联席会议制度，多部门协作，完善现有监管体系，强化"负面清单"管理，鼓励创新与加强监管并重；建设在线监测平台动态监测行业运行与系统风险。冯耕中呼吁，学术界要与中国实践相结合，企业的创新发展要遵守法律底线，承担社会责任。

我国大宗商品交易市场的发展既面临着机遇又面临着挑战，跨境大宗贸易已成为其发展的新引擎。冯耕中说，随着国内众多自贸区、保税区的相继成立，我国对外贸易开放程度进一步加深，跨境电子交易的整体水平逐渐提升。依靠自贸区、保税区强大的政策支持，便捷的通关服务以及周边不断完善的物流、仓储等基础设施，跨境大宗商品交易有了相对可靠的载体。

冯耕中还表示，"一带一路"、人民币国际化等国家战略更是给予大宗商品跨境贸易极大的推动。中亚以及东欧等地区在多种矿产资源方面储量丰富，粮食资源也潜力巨大，而中国的钢铁、水泥等高产量大宗商品同样也可以满足这些地区的生产建设需求，这一供需的匹配性使得跨境大宗商品电子交易"有力可使，有利可图"。

冯耕中说，经济新常态下，转型升级、创新发展成为必然趋势。并在其多要素的驱动下，创新发展空间是巨大的，但在当下仍还有很多挑战。如行业面临的恶劣的市场生态环境、鱼龙混杂、风险事件频发、讹诈群体的产生、法律界限不明朗，同一性质案件不同省份的法院判决相反、政府管理与政策风险（控制尺度、区域不平衡）、市场炒作导致产品价格剧烈波动、违规操作至交易商巨亏等问题容易引起系统性风险，损害行业的整体声誉。不过，2017年新一轮行业清理整顿，有望肃清行业的乱象。

此外，对于大宗商品交易市场未来的发力点和方向，中国物流与采购联合会会长何黎明指出，现代信息技术和供应链应用创新正在推动流通业与制造业、服务业加速走向融合，全球大宗商品的生产流通组织形式正在发生根本性的变化。大宗商品电子商务从信息平台，发展到交易平台，再发展到集交易、物流、金融和信息等功能于一体的综合服务平台，平台之间的竞争，也从产品和服务转向了供应链和产业链的竞争。向综合服务方向发展的结果，必将是上下游一体化。这不仅体现在业务更加紧密，也体现在股权上的合作会进一步加强。大宗商品电子商务平台能否引进生产企业、贸易商和物流园区等投资者，是未来发展中值得探索的一条道路。

何黎明的判断是，未来五到十年，我国大宗商品发展的基本格局是：需求进入平稳期，产业进入调整期，企业进入转型期。对此，他指出，在新形势下，我国经济进入了新的发展轨道，大宗商品市场规模增速也出现了适度的回落，市场的发展不能再依靠过去的规模扩张模式。大宗商品流通业突破发展瓶颈，必须要转变发展方式，从"规模扩张"转向"效率效益"，进入一个新的发展阶段。

（二）国家及地方主要交易场所发展新动向

1. 上海黄金交易所："上海金"市场化、国际化发展在路上

（1）迪拜黄金与商品交易所正式上线"上海金"期货合约

2017年4月9日，迪拜黄金与商品交易所正式上线"上海金"期货合约产品，焦瑾璞理事长代表金交所，对"上海金"期货合约产品的成功上市和迪拜贵金属大会的成功召开表示热烈的祝贺。迪拜黄金与商品交易所挂牌"上海金"期货合约产品，既是"上海金"基准价在国际金融市场的首次应用，也是金交所和迪拜黄金与商品交易所之间合作探索出的一种全新模式。

（2）上海黄金交易所赴加拿大、美国推介"上海金"

2017年3月7日—13日，金交所副总经理宋钰勤率队赴加拿大参加2017加拿大勘探开发者协会（PDAC）全球矿业峰会，并出访美国。加拿大PDAC矿业峰会是由加拿大勘探开发者协会组织的全球公认具有国际权威的、规模最大的全球性矿业大会。会议期间，代表团与来自世界各地的矿产勘查开发有关人士、矿产投资公司代表等齐聚一堂，共同探讨国际黄金市场的未来发展。

宋钰勤副总经理应邀担任贵金属圆桌论坛的演讲嘉宾，向加拿大黄金与矿业行业的顶级企业与管理层介绍中国黄金市场和金交所的发展近况，并向与会嘉宾分享了当前黄金市场的三大中国机会。来自政府、交易所的嘉宾，包括中国驻加拿大多伦多总领事馆商务参赞鄂德峰先生、多伦多证券交易所总裁尼古拉坦丹尼先生、中国工商银行（加拿大）总裁聂长雯女士，以及来自世界知名黄金公司和基金公司、业内龙头企业C-Suite、中资金融机构等代表嘉宾汇聚一堂，聚焦黄金市场的中国机会，共同探讨和寻求合作机遇，加速推动"上海金"国际化进程。

为更好地探讨国际合作的可能性，促进双边金融共赢关系，代表团一行与多伦多证券交易所、世纪环球集团代表在多伦多证券交易所进行了会晤交流。

在美国期间，代表团一行分别与世界黄金协会等机构高层进行会谈，分享"上海金"独特的市场机遇，共同探讨项目的可行性方案，积极寻求国际交流合作空间。

（3）金交所与匈牙利布达佩斯证券交易所签定合作备忘录

2017年5月13日，在"一带一路"国际合作高峰论坛召开之际，金交所和匈牙利布达佩斯证券交易所在北京签署《合作备忘录》。

中国人民银行副行长、国家外汇管理局局长潘功胜，匈牙利外交与对外经济部部长西雅尔多·彼得，匈牙利国家经济部部长瓦尔高·米哈伊等为签约仪式见证。匈牙利布达佩斯证券交易所董事长兼CEO Mr.RichardVegh与金交所理事长焦瑾璞代表各自交易所在合作备忘录上签字。本次签约活动由金交所副总经理宋钰勤主持。

（4）金交所与深圳市人民政府签署战略合作协议并举办2017全球黄金市场高峰论坛

2017年4月19日—20日，金交所与深圳市人民政府共同主办的2017全球黄金市场高峰论坛在深圳举办。

深圳市人民政府副市长艾学峰、金交所理事长焦瑾璞等领导出席论坛并致辞。中国黄金协会会长宋鑫、世界黄金协会首席执行官施安霂、深圳市人民政府副秘书长马伯寅、招商银行副行长刘建军、金交所副总经理宋钰勤和顾文硕，以及全球贵金属市场领袖、知名金融专家、金交所理事和会员单位、国内外同业机构等200余位代表出席了本次论坛，并就黄金市场的创新与国际化发展等议题进行了报告和交流。

论坛期间，金交所与深圳市人民政府签署了战略合作协议，本次签约由深圳市人民政府艾学峰副市长、金交所理事长焦瑾璞、中国人民银行金融市场司、深圳中支及深圳市人民政府金融办等相关领导共同见证，深圳市人民政府副秘书长马伯寅、金交所副总经理宋钰勤代表双方进行签署。

双方明确，未来将发挥各自特色优势，在搭建粤港澳创新合作黄金平台、打造海上丝绸之路黄金辐射带、推进深圳黄金市场全生态链建设、创设黄金市场高端智囊体系等方面开展深入合作，促进黄金市场各类要素在深聚集，进一步提升中国黄金市场对海上丝绸之路沿线国家及地区的辐射、影响能力，助力建设粤港澳世界一流湾区。

中国人民银行领导在书面致辞中指出，黄金仍在国际金融市场体系中扮演着重要角色，中国人民银行一直高度重视推动黄金市场稳健发展，不断加强顶层设计，指导金交所有序创新产品,形成了以场内市场建设为中心,从场内市场辐射到场外市场的发展路径,并先后推出黄金"国际板"、黄金"沪港通"、"上海金"定盘价机制,使中国黄金市场成为中国开放程度较高的金融子市场。未来,中国人民银行将一如既往地支持中国黄金市场完善基础设施、提高信息披露和监管透明度、支持更多国际投资者参与中国黄金市场,探索国际化多元路径,推进中国黄金市场与国际市场的融合,为黄金市场的持续深化提供新动能。

深圳市人民政府副市长艾学峰表示,金交所作为国务院批准的专门从事黄金交易的国家级平台,近年来积极创新,在推进中国黄金市场化、国际化发展上的成绩举世瞩目。深圳是改革开放的试验田,也是中国黄金市场发展的探路者和重要聚集区域。本次签约是双方着眼未来、深化互利共赢的一个起点。深圳市将继续整合资源,以更高效的政府服务、更优质的营商环境,支持黄金市场的加速发展。

金交所理事长焦瑾璞在讲话中指出,"上海金"基准价发布一周年以来,金交所持续推动中国与国际黄金市场的协同发展,优化市场服务功能,推进完善全球黄金市场定价机制,丰富市场参与者的风险管理和创新工具。借"上海金"上线一周年之际举办此次全球黄金市场高峰论坛,并与深圳市人民政府签约,将有助于凝聚共识,助力全球市场协同发展。在中国人民银行指导下,金交所将坚持创新驱动和开放包容的理念,继续推进市场化、国际化发展战略,构建"一体两翼"市场新格局,打造好"上海金""百姓金"品牌,加快实现国际一流综合性黄金交易所的战略目标。

"全球黄金市场高峰论坛"是由金交所创办的国际性黄金市场峰会,自2016年首次举办后就受到全球黄金市场的广泛关注。论坛为来自全球黄金市场的各类机构、专家领导搭建了良好的交流平台,有助于推进全球各市场的交流融合,对共享全球改革机遇、促进市场协同跨越发展具有积极意义。

(5)焦瑾璞理事长率团考察缅甸黄金市场

2017年9月25—29日,金交所理事长焦瑾璞率代表团赴缅甸仰光对黄金市场国际拓展及合作进行调研访问。

代表团一行在缅拜访了仰光省政府首席部长Phyo Min Thein、缅甸中央银行外管局局长Win Thaw及缅甸相关政府部门,并与缅甸黄金发展公司、中国工商银行仰光分行、大华银行仰光分行等机构高层进行了会谈,还拜见了中华人民共和国驻缅甸大使洪亮,就加强中缅黄金市场合作、推动缅甸黄金市场建设、实现双方共赢发展等问题进行了深入探讨和交流。

访问期间,焦瑾璞理事长应邀出席了缅甸黄金贵金属市场研讨会,并就"中国黄金市场发展介绍"做了专题发言,对上金所发展历程、中国黄金市场发展现状及未来发展展望进行阐述。

2. 香港交易所："两地双金"隆重上市

（1）港交所及其全资附属公司伦敦金属交易所美元及人民币（香港）黄金期货隆重上市

2017年7月10日，香港交易所（以下简称"港交所"）在交易所展览馆举行黄金期货开市仪式，在香港证监会行政总裁欧达礼等众多贵宾的见证下，首对美元及人民币计价、可实物交收的黄金期货在香港隆重上市。

港交所及其全资附属公司伦敦金属交易所分别在香港和伦敦推出黄金期货合约。港交所集团行政总裁李小加致辞说，此次推出的黄金期货合约总共三只，包括在香港推出的人民币和美元定价黄金期货合约及在伦敦推出的黄金期货合约，覆盖全球交易时段，并形成三个第一：第一次由全球两个金融中心同时推出黄金期货合约，第一次推出人民币和美元双币定价的黄金期货，以及第一次在香港推出实物交收黄金期货合约。

他说，香港黄金期货合约可以实物交收，将黄金期货与现货合一，并以美元和人民币结算，令人民币及美元的汇率也可合一，从而形成黄金、美元、人民币三者间完美的三合一，进一步推动香港成为全球投资者风险管理中心，并将巩固香港作为离岸人民币中心和全球金融中心的地位。

香港证监会行政总裁欧达礼致辞对香港黄金期货上市表达了祝贺。由黄金业界的代表，例如精炼厂、金库、银行、基金经理和贵金属市场交易员等市场用家组成的黄金用户委员会代表共同见证了香港黄金期货上市。

（2）港交所：有独特时间和地理优势开发合适的产品迎合市场需要

港交所2017年7月10日推出的美元及人民币（香港）黄金期货成交活跃，香港交易所首席经济学家办公室亦发表研究报告，回顾黄金买卖的历史，并探讨香港如何与上海等市场共同抓住机会提升亚洲黄金定价权。

香港金市有超过100年历史，且位处中国这一全球第二大经济体和全球最大黄金消费国的门户，但在建立基准、流动性和产品服务等方面，香港仍然落后纽约和伦敦等其他国际黄金交易中心。

不过，香港其实已具备成为亚洲黄金定价中心的成熟条件。香港拥有成熟稳健的金融市场，只要港交所与各金融及监管机构合作，共同透过满足市场需求、顺应国际金市趋势、逐步增加香港金市在欧美交易时段以外的定价权，便可以达到成为亚洲黄金定价中心这一独特使命。

过去百年，香港的现货金市场一直非常活跃，从冶炼、加工、检验，到批发、零售，再到交易和对冲，一应俱全，一直推动着香港的黄金进口及转口贸易。然而，香港金市向来被动及透明度不高，而由于伦敦金作为基准有全球主导地位，香港的黄金实物交易传统上一直以伦敦金为定价基础。

尽管上海黄金交易所及上海期货交易所已主导中国内地黄金市场（在岸市场），但基于在岸与离岸市场法律法规的差异,加上资金及黄金进出口管制,香港的黄金买卖未能参照内地黄金基准价。因此,港交所有独特的时间和地理优势开发合适的产品迎合市场需要。

所以,现在正是香港采取行动、争取定价权的时候。由港交所推出双币(美元及人民币定价及结算)实物交收黄金期货产品可以是其中一个有效的方法。港交所推出黄金期货后,香港将同时齐备黄金现货及期货交易。主要的金银交易商看到市场上的买卖契机,自会经不同渠道进行交易,届时整个黄金生态系统就可进一步延伸,将中国内地与西方发达市场的黄金现货及衍生工具交易连接起来。待流动性增加及全球认受性逐渐建立,最终将会是香港得以确立新的亚洲黄金基准价。

(3) 港交所在前海举办LME亚洲年会分论坛

港交所2017年5月11日在其筹备中的内地大宗商品交易平台——深圳前海联合交易中心(QME)举办了LME亚洲年会前海分论坛,约300位海内外嘉宾济济一堂,围绕如何服务实体经济展开热烈探讨。

论坛由深圳市前海深港现代服务业合作区管理局副局长王锦侠及香港交易所集团行政总裁李小加揭开序幕。深圳前海联合交易中心行政总裁郭晓利、港交所首席中国经济学家巴曙松在论坛上发表了主题演讲,港交所国内业务发展董事总经理兼主管毛志荣及市场发展联席主管李刚分别主持了上午和下午的论坛。

李小加在致辞中表示:"香港资本市场正逐步转型,今后香港将会发展成为集股票、大宗商品与外汇为一体的全方位国际金融中心。大宗商品是港交所发展战略的重要组成部分,设立前海联合交易中心则是我们大宗商品发展战略的重要一步。我们探索'两条腿并行'的大宗商品发展战略:期货战略——与内地交易所互联互通,互挂互惠;现货战略——走出去买、走进去建。"走出去买"即收购伦敦金属交易所(LME),'走进去建'就是回到内地腹地,与内地监管当局和机构深度合作,利用香港的独特优势新建一个扎根内地、服务实体、合规守法的大宗商品交易平台。"

李小加续说:"深港两地一衣带水,两座城市在国家的改革开放进程中均肩负特殊使命和独特优势。在深圳市政府的支持下,港交所连手前海的合作伙伴,共同发挥前海的特殊政策优势,合资筹建前海联合交易中心。作为国家经济发展主要引擎之一的华南地区,目前尚无一家全国性的商品交易市场。我们希望借鉴LME的成功模式和历史经验,有效弥补市场空缺,服务产业客户。"

郭晓利在主题演讲中,介绍了前海联合交易中心是什么、要做什么以及怎么做等。他说,前海联合交易中心有三个层次的定位:从交易层面,要实现天天交易,日日交割;从功能作用层面,要做到服务实体,助力改革;从互联互通层面,要立足深港,走向世界。

郭晓利表示,要建设好前海联合交易中心,关键是要做好以下五个方面的工作:一是打造可靠的仓储和便利的物流,建立LME式的交割仓库布局和行业信用;二是大力培育综合交易商,建立LME式的利益分享机制;三是充分发挥企业自律管理作用,共同建设、管理市场;四是围绕产业链推出产品,形成品种体系,形成特色;五是围绕企业需求设计服务产品、模式,做到一站式的服务。

(4) 李小加谈内地交易平台清理整顿

港交所总裁李小加在2017年5月11日的网志中写道,坚决支持监管机构清理整顿各类不规范交易场所,只有清除害群之马,才能为行业发展创造良好的市场环境。

监管机构工作的核心是清理与整顿,不是简单的封杀关闭,目的是为了市场能更好更安全地发展,更有效地服务实体。从这个意义上看,前海联合交易中心生正逢时。

从表面上看,这次清理整顿聚焦在集合竞价、保证金交易、中远期交易或类期货产品上,反映了这些产品和交易模式在一个散户主导的不成熟市场很容易被滥用,特别是在欺诈个人投资者方面。因此,现阶段大力整治不仅必要,而且及时,有利于防范风险升级。

与此同时,有识之士也都明白,在一个监管到位、以机构为主的成熟市场,中远期交易是全球大宗商品交易的最基本模式,本质上是中性的交易工具,是服务实体经济离不开的必要交易模式。

因此,我们相信清理整顿是一个正本清源的过程,我们也相信监管机构的智慧和远见。在清理整顿工作结束后,相关的监管制度和规则应该会更加完善和有效。

关于目前的清理整顿会不会影响前海联合交易中心的正常开业,李小加认为,前海联合交易中心今天尚未开业,因为我们还有大量的基础准备工作没有完成,目前我们正在加紧准备中。

在清理整顿的大背景下,前海联合交易中心一定不忘初心,合规经营,深耕细作,在推出时间、模式、产品等方面做到合法合规,助力内地大宗商品市场的长期健康发展。

3. 上海期货交易所:稳中求进,原油期货年内上市全线展开

(1) 上期所学习贯彻"四个意识"精神,维护市场平稳运行

2017年2月20日,上海期货交易所(以下简称"上期所")召开党委中心组(扩大)学习会议,及时传达2017年全国证券期货监管工作会议精神,认真学习刘士余主席重要讲话。

上期所党委认为,2017年全国证券期货监管工作会议是我国资本市场发展新形势下召开的重要会议,贯彻落实全面从严治党、从严治会的要求,将防风险放在更加突出的位置,强调深化依法全面从严监管。特别是刘士余主席在题为"不断强化'四个意识',牢牢把握稳中求进、协调推进资本市场改革稳定发展"的重要讲话中,明确提出资本市场改

革发展的"六稳""六进",高屋建瓴,立意深远,对协调推进资本市场改革稳定发展和监管各项工作具有重要指导意义。

上期所党委提出,上期所要按照证监会党委的要求,全面贯彻党的十八大和十八届三中、四中、五中、六中全会精神,深入学习习近平总书记系列重要讲话精神和治国理政新理念新思想新战略,进一步增强"四个意识"特别是核心意识和看齐意识,进一步深化落实全面从严治党主体责任,进一步狠抓党风廉政建设不放松。党委强调,全面从严治党是解决任何问题的"牛鼻子",全所干部要贯彻落实"一岗双责",党务、业务双肩挑,尤其是党支部书记的党务肩膀要再过硬一些,充分发挥党支部战斗堡垒作用。

上期所党委深刻认识到,在资本市场运行内外环境日趋复杂、全球金融市场难言平静的大背景下,2017年上期所要切实贯彻证监会依法从严全面监管的要求,严守不发生系统性风险的底线,坚决维护市场平稳运行,牢牢把握稳中求进的工作总基调,做到党管总、扎篱笆、防风险、强能力、快反应、促发展。

(2)上期所继续致力于帮助实体企业管理好市场和价格风险

2017年4月23日,第十一届中国期货分析师暨场外衍生品论坛在杭州举行,在由浙商期货、徽商期货承办的大宗商品分论坛上,上期所副总经理叶春和表示,上期所始终坚持以服务实体经济为宗旨,新形势下以稳中求进、发展开放为工作总基调,继续推进供给侧结构性改革,完善期货市场在资源配置中的引导作用,努力为产业客户、机构投资者及其他各类市场参与者提供价格发现和风险管理的平台。当前,国际经济金融形势复杂多变,大宗商品市场振荡频繁。在经济新常态下,如何匹配企业及市场主体日益增长的风险管理需求,为之提供专业化服务,切实推进供给侧结构性改革,提升资本市场服务实体经济和社会发展的能力,对期货市场和期货行业提出了更高的要求。上期所将继续致力于帮助实体企业管理好市场和价格风险,在经济结构转型过程中实现更高、更强的发展目标。

(3)"中国版"原油期货年内上市准备全线展开

经历一年多的征求意见及反复论证后,我国首个面向全球市场投资者的商品期货交易品种原油期货再获进展。2017年5月11日晚,上期所旗下子公司上海国际能源交易中心正式对外发布交易中心交易规则及11个相关的业务细则,标志着全球第一大宗商品的"中国版"期货交易再进一步。

按照原油期货的标准合约,即将在上海国际能源交易中心上市交易的原油期货标准品为中质含硫原油,交易单位为每手1 000桶,挂牌的合约将是最近12个月的连续月份合约及随后的八个季度月份合约,最低交易保证金为合约价值的5%。

作为证监会批准的国内首个境内特定商品期货品种,原油期货的设计基本框架是"国际平台、净价交易、保税交割、人民币计价",境外的交易者和境外经纪机构将可以参与交易,因此原油期货的规则、制度设计希望建立起一套既符合我国监管要求,又吸收国际通行惯例的规则体系。

据介绍,原油期货交易、资金进出实现境内市场与全球市场的融通。一方面充分利用人民币跨境使用、外汇管理等金融创新政策,原油期货以人民币计价,接受外汇作为保证金使用,另一方面也为境外投资者提供直接和间接的交易方式,方便境外投资者参与原油期货交易,同时明确能源中心的中央对手方地位,确保市场平稳运行。

上海国际能源交易中心相关负责人表示,下一阶段,能源交易中心将按照业务规则积极稳妥地完成各项上市准备工作,争取年内推出原油期货。

(4)上期所启动天然橡胶"保险+期货"精准扶贫项目

2017年5月26日,上期所举行"保险+期货"精准扶贫试点项目签约仪式,23家期货公司与上期所签署了项目合作协议书。自此,由上期所发起并支持的天然橡胶"保险+期货"精准扶贫试点项目正式启动。据了解,上期所专门投入扶持资金3 960万元,覆盖海南省、云南省15个贫困区县,其中14个为国家级贫困县,涉及天然橡胶现货产量约36 000吨,种植面积约40万亩。

4. 转型中的天津贵金属交易所步步为实

(1)转型交易模式阶段性总结:交易所服务实体经济的功能更为强大

中信集团控股公司天津贵金属交易所(以下简称"津贵所")自2016年中推出现货挂牌交易模式,将包括信息收集、资金往来、货钱流转等在内的一整套线下现货贸易流程和动作,全部搬到线上。这套现货交易交收系统,让所有现货市场的参与者不管身处何地都能通过平台查询或发布信息、完成交易贸易。据津贵所发布的数据,截止到2016年底,津贵所在新模式下实现白银交易量944吨,有色铜9 006吨,镍6 300多吨。

企业或市场主体把符合交易所要求的商品信息、价格要求、仓储物流等信息予以发布,放在电子合同要约上通过系统进行展示,叫做挂牌;而符合资格的另一方,如对挂牌信息中的产品、价格、安排等表示满意,可以点它的牌,叫作摘牌;交易初步达成了一个电子合同后,就会进入线上的资金划转、货物交割等流程。

瞄准场外市场、明确挂牌信息、完善交收保障机制,津贵所目标明确:打造一个国内最大的在线现货平台。

过去十年是大宗商品的黄金年代。国内大宗商品现货市场飞速发展,随之出现了不少风控体系不完善的事件,最常见就是开户公司"吃头寸"——客户在交易过程中亏损的资金,开户公司可以得到其中的一定比例。过去几年,政府重拳出击大宗商品市场,多省市监管部门要求整改当地现货交易所的分散式柜台交易模式。

津贵所副总裁刘宇说:"很多交易市场都在尝试转型,进一步对接实体经济,但转型的难度很大,对人、财、物各方面的要求都很高。从2014年开始,我们花了很大工夫研发新模式,借鉴了很多国内以及国外先进市场的做法,积极导入产业客户,希望能够实现贸易流通、仓储物流、融资以及风险管理等全套功能。"

对于津贵所来说,转型既是阵痛后的必然,也是主动的选择。刘宇总结了改革前原有交易模式存在的两大问题:一是功能单一,流动性与风险管理、融资等综合服务功能没有有效对接,与市场以及与客户的业务实际有一定脱节,因而产业客户的兴趣和参与度都不大。二是会员结构不合理,原有的综合会员类型既负责发展客户、又要与客户进行交易,会有一部分自律性不强的会员产生诱导客户交易的行为,最终侵害客户的利益、损害交易所的公正公平。

现货挂牌模式改革后,津贵所的价格来自于现货产业的工厂、销售和最终用户之间的真实交易,对国内市场的参与者有了很好的指导作用,让交易所服务实体经济的功能更为强大;另外,津贵所取消了综合会员这一会员类型,将会员类型分为自营会员和经纪会员两类,前者参与交易但不接触客户,后者只开发客户不参与交易,从而有效隔离了投资者和会员单位之间的博弈风险,拆分了原有利益链条,最大可能地消除了会员和客户存在对赌的市场顾虑。

目前,津贵所有4万多名客户、40多家自营会员和100家经纪会员。入会条件中明确了对注册资本和股东背景要求,所有机构客户都需要一套严格的资质审查。

"除了风险评估和风险预警外,津贵所还对个人投资者设定了50万元的投资门槛。"刘宇说,这达到了国内最高的股指期货的标准,"我们希望有一定风险意识和相关投资经验的人来到市场上促进流动性。"

(2)津贵所持续进行投资者系列调研,呼吁以科学的研究方法认识行业机遇与挑战

为客观、全面地掌握国内贵金属现货市场投资者状况,促进行业企业、媒体、研究机构深入了解市场发展,推动投资者理论研究与服务体系构建之间形成良性循环,津贵所特开展贵金属2016—2017年度现货投资者现状系列调研工作,并基于调研结果进行分析和归纳,以此出具调研分析报告,供业界参鉴,详细分析结果见本蓝皮书第三部分《中国贵金属行业投资者结构分析》。

本次调研覆盖国内主要区域和投资角色,包含机构投资者、个人投资者,涉及贵金属现货市场投资者研究的相关系列主题。数据来源基于互联网专业媒体渠道、天津贵金属交易所投资客户、国内重要贵金属现货企业及客户,覆盖中国主要省份、直辖市。

通过对贵金属市场投资者样本的调研,根据不同投资者类型的比对分析,可以看出,国内贵金属市场经过数年在实践中探索现货商品交易和完善管控的发展之路,吸引了众多个人和机构投资者进入市场,为其寻求"更灵活的交易方式""更多的客户和贸易机会""更完善风险管理机制"等需求提供了服务平台。

在不断地满足投资者需求和完善市场功能的过程中,目前的现货市场客户群体凸显出需求体系的多样化,客观上对现货市场转型发展提出了更高层次的要求——打破"重交易,轻交收"功能单一的局面,开拓现货市场复合型服务功能。现货平台如何解决"功能单一"的制约因素,如何与产业经济发展结合起来,重视开发如"价格和违约风险管理机制""供应链融资""征信和信用管理服务"等一系列衍生品配套服务是现货交易平台在服务市场中要解决的紧要问题。

同时,投资者需求的最大满足还在于对投资者权益的维护,应该看到现货市场的部分个人投资者的入市动机还在于阶段性的收益追求,投资者投资专业知识的学习、风险意识的加强,以及行业法律法规的健全还应继续是市场参与者呼吁和工作的重点。

目前,国内大宗商品现货行业处于谋求转型、致力于长远发展的关键阶段,津贵所呼吁行业各机构、组织以服务实体经济为立命之本,以科学的研究方法认识行业的机遇与挑战,逐渐形成现货贸易与金融服务相结合的系统性功能;密切配合监管机构推动法规建设,并加强行业企业自身合规经营和投资者教育,通过政企合力,共同为现货行业健康发展和创新升级提供动力之源。

(3)津贵所发布现货白银价格指数

津贵所于2017年2月6日正式发布现货白银价格指数,该指数客观地反映了国内白银现货交易的实际价格变动情况,是挖掘贵金属现货市场价格发现功能、深入推进大宗商品供给侧改革、服务实体经济的重大探索和突破性实践。

津贵所—现货白银价格指数(TPME-Spot Silver Index,简称TPME-SSI,以下简称"价格指数")是以当日国内各企业间国标一号白银现货交易成交价格为样本空间,以2016年6月6日(现货挂牌上线日)为基期,采用加权综合指数法,并结合样本间各种因素的动态差异,计算得出的白银价格指数工具。

现货白银价格指数由津贵所基于现货企业聚集的优势,在真实交易信息的基础上编制而出,从而能够及时、客观、准确地反映出现货市场的白银价格走势和涨跌幅度,满足国内现货市场对白银交易和价格风险管理工具的需求。

对于白银现货企业来说,这一价格指数不但可以作为重要参考依据来制定相应的生产、采购、销售、投资、贸易对策以规避价格波动风险、锁定利润,更因为指数的价格发现功能,企业可以将其作为报价和结算的标准,更准确地指导交易价格。

另一方面,对于广大关注和研究白银行情的投资者和行业分析人员来说,价格指数同样具有重大意义。由于价格波动与经济周期的密切相关性,研究人员可以依据白银实时涨跌变动信息,分析市场供需关系、行业和经济发展状况,而投资者则获得了研究白银现货行情的一个基本依据,通过价格指数可以了解到白银现货价格的历史走势和最新变动,并参考判断出白银价格的未来走势。

据津贵所有关部门负责人介绍,白银价格指数于每个交易日11:30、15:30两个时间点分别对外发布,及时客观地反映市场价格变动。未来,天津贵金属交易所将以白银价格指数为基础,发展一系列商品价格指数、多元化金融服务工具,提高现货市场交易的流动性,促进价格发现,为现货企业、投资者提供多元化的现货衍生产品及风险管理工具。

(4) 津贵所举行机构客户开发模式和服务体系专题培训

为使会员充分了解津贵所在2017年度机构客户开发的方向和重点,天津贵金属交易所于2017年3月16日面向全体会员,组织了机构客户开发的专题业务培训,详细介绍了机构客户的特征及开发服务机构客户的方法、流程,分享机构客户开发的意义与价值,以期更好地帮助会员展业,提升会员开发机构客户的积极性,优化市场客户结构。

本次专题培训的内容共分为两个部分。第一部分由交易所业务部门负责人从交易所角度,向会员介绍交易所引入机构客户的背景和意义、机构客户进入交易所后如何参与业务、未来发展前景等会员关心的问题。第二部分,交易所特别邀请了资深行业专家与会员共同分享和交流开发与服务机构客户的经验。专家讲师从宏观经济形势及企业风险管理需求入手,对比大宗商品及其他金融产品的特征,深度分析大宗商品市场未来的走势,向会员介绍了开发机构客户的重要意义,并与会员分享了开发与服务机构客户的相关经验。培训采用线上与线下相结合的方式,京津冀地区会员在交易所参加现场培训,其他地区会员通过远程会议平台参与。培训过程中,线上和线下参训的会员代表与讲师频繁互动,就会员普遍关心的问题展开了进一步交流和讨论。

此次专题培训帮助会员进一步理解了开发机构客户的重要意义。作为多层次商品市场的重要一环,津贵所在"服务实体经济、带动金融服务"中担当着重要角色;现货平台逐渐形成系统性服务功能,把为产业客户扩充贸易机会与匹配相关金融服务紧密结合,为服务实体经济提供综合动力。

(5) 津贵所吸纳高端人才服务实体经济

2017年4月12日,津贵所博士后科研工作站出站、入站评审会顺利举行。津贵所博士后科研工作站的设立,培养了金融学科与实体经济相匹配的人才,达到了切实服务金融创新和实体经济的目的。

天津市人力资源和社会保障局、天津港保税区人力资源和社会保障局相关领导、南开大学多位经济学教授及天津贵金属交易所相关领导出席。会上,出入站博士丁一、刘彦迪就商品及衍生品场内交易系统研究、交易所交易模式和产品创新研究等课题进行了汇报。

据了解,津贵所博士后科研工作站于2014年经人力资源和社会保障部批准设立。目前,已吸引多名如美国密苏里大学、美国加州理工大学、美国佛罗里达国际大学毕业的博士生加入研发团队。

津贵所总裁苏宁告诉记者，博士后科研工作站的获批建立是津贵所"储备高端人才，服务实体经济"措施落实的具体体现，进站人才与津贵所团队形成了很好的产学研合作关系，极大地助推了创新课题研究的跨越发展。

据介绍，津贵所博士后科研工作站充分运用津贵所在课题设计、数据资源和对外合作方面的优势，采取博士后在部门内进行课题研究的形式，针对大宗商品市场具有中国特色的先进交易模式进行研究。

参与评审的多位专家告诉记者，博士后科研人员在津贵所的平台上实现着将理论研究成果落地转换的过程，对交易行业的交易场所进一步明确市场定位、回归服务实体经济起到重要的作用。

"津贵所在今后的工作中将借助博士后科研工作站、院士专家工作站等有利的科研创新平台，在课题研究、成果转化、学术交流等方面开展有益的实践，为工作站的运行创造更加便利和高效的环境，为中国大宗商品交易市场的发展做出更积极和实际的贡献。"津贵所副总裁刘宇说。

5. 清理整顿"风暴"下的国内其他交易场所

伴随着交易所清理整顿"风暴"的持续，国内一些主要的有关交易场所纷纷发布相关交易品种的公告通知，或提高保证金比例，或停止相关品种交易，或关闭出入金通道。例如：

河北滨海大宗商品交易市场服务有限公司自2017年1月20日起停业整顿。

湖南省澳鑫商品交易市场自2017年2月24日结算后大宗板块所有品种正式退市。

中晟环球大宗商品交易中心自2017年3月1日起停止新开户及停止所有交易品种建新仓。

广东省贵金属交易中心自2017年4月1日04：00起全面下线"微盘"业务；2017年5月6日起，停止现有交易商品的所有交易功能。

大连再生资源交易所2017年4月28日宣布现货电子交易系统所有交易品种保证金将调至100%。

海南国际商品交易中心2017年5月1日起所有品种建立新仓及预付款比例提高到100%。

贵州西南大宗商品交易中心2017年5月15日起对交易中心全部品种进行暂停交易及系统升级改造。

长江国际商品交易中心2017年6月16日发布关于暂停交易系统的公告，交易中心交易系统将于2017年7月18日起暂停使用。

湖南华艺文化艺术品交易市场2017年6月28日起暂停全部文化类商品交易。

厦门石油交易中心自2017年7月18日起全面终止交易中心与授权机构、会员单位委托代理关系及业务合作,现货挂牌议价交易(92#汽油)自2017年7月22日起升级改造停止运营,交易系统关闭。

另外,部分交易所也对交易模式做出了调整:

南宁大宗商品交易所自2017年4月17日起实施"T+5"交易模式。

河南天承艺术品收藏交易平台自2017年4月17日起推出全新"O2O五+"收藏交易模式。

宁夏西邮文化艺术品交易中心自2017年2月28日起全部产品调整为T+5交易模式。

天津文化产权交易所邮币卡现货商城自2017年3月6日起正式由T+0变更为T+1模式。

（三）国际主要交易所最新动态

1. 芝加哥商业交易所第五次荣膺"亚洲年度最佳国际交易所"

2017年9月22日，全球最多元化的衍生品市场龙头芝加哥商业交易所集团（CME Group）（以下简称"芝商所"）宣布，在Global Investor Group 2017年《国际期货期权》杂志（FOW）和Global Investor亚洲资本市场大奖评选中，荣膺"亚洲最佳国际交易所"。该奖项是对芝商所在亚洲市场推出的杰出产品和服务，以及在过去一年中交易量显著增长的成就的肯定。芝商所主席兼首席执行官Terry Duff表示："我们非常荣幸获得这一奖项，这进一步巩固了我们在亚太当地作为国际衍生品交易所的地位。赢得这个奖项是对我们一直致力为客户提供优质服务的认可，很感谢所有客户在过去一年中给予的支持和反馈意见。"芝商所董事总经理兼亚太地区负责人Christopher Fix介绍："亚洲是我们全球发展战略中的核心市场，2016年来自该地区的交易量上升了15%。通过我们在新产品和服务上持续的投入，我们有能力满足亚洲客户不断变化的风险管理需要。"

Global Investor Group董事总经理William Mitting表示："今年是芝商所6年中第5次获得'亚洲最佳国际交易所'荣誉。这是对他们在亚洲市场又一个出色的投资表现年度的肯定。在多个成就中，芝商所与区内交易所的深化合作，以及在亚洲大量的投资者教育工作尤其获得了评审的认可。"

在过去12个月中，芝商所继续履行对亚太客户的承诺，开发具有地区关联性的创新产品,包括启动澳大利亚小麦FOB(普氏)期货合约,扩展棕榈风险管理产品系列,以及联合台湾期货交易所(TAIFEX)在台湾上市标普500和道·琼斯工业平均指数期货合约。

回首过去一年,芝商所在日本被授为境外清算组织(FCO),其清算所部门CME Clearing因此能够代表日本的金融机构清算非日元利率掉期。芝商所还被新加坡金融管理局授予清算资格(RCH),使得CME Clearing可以在新加坡签署直接清算成员,并清算交易所交易的期货和期权以及场外交易的衍生品。

《国际期货期权》和Global Investor亚洲资本市场颁奖每年举行一次,对亚洲衍生品行业的最佳企业进行表彰,奖项的入围和提名由所有市场来自各个学科的行业专家小组评审。

2. 洲际交易所将接手白银基准定价

2017年9月21日,伦敦洲际交易所(ICE)宣布旗下的ICE Benchmark Administration(IBA)将于2017年10月2日起作为伦敦白银基准定价的运营方。作为目前参与者的瑞士银行(UBS)和中国建设银行(CCB)并不在新基准定价的阵容中。

ICE表示,经纪商INTL FCStone和电子交易商Jane Street Global Trading将加入新阵容。2017年10月2日的开始时间比原定时间推迟了一周,ICE表示这是为了确保所有参与者都准备就位。

更多参与者可以帮助稳定基准,在目前的行政管理方汤森路透(Thomson Reuters)和CME集团由于交易量交易策略缺乏变通而多次偏离现货白银价格。

ICE表示,从2017年10月2日起,汇丰银行、INTL FCStone、Jane Street、摩根大通、摩根士丹利、加拿大丰业银行和多伦多道明银行将参与白银基准定价。

瑞银和建行2017年早些时候被迫离开伦敦的黄金基准定价,这也是由ICE管理的,因为当ICE引入清算时,他们没有制定清算交易的制度。

一个熟悉这个问题的消息人士说,建行有意在问题解决后重新进入黄金和白银基准定价。另一知情人士表示,瑞银目前并未寻求重新加入。一家银行业者表示,两家银行有可能通过其他参与者将业务发放给基准,因此数量将在很大程度上不受影响。

消息人士说,有几家银行参与黄金基准但不参与白银基准定价,他们预计也将加入ICE下的LBMA银价。

INTL FCStone和Jane Street已经参与了黄金基准定价。一消息人士表示,另一个黄金基准定价参与者高盛,也有意加入白银基准定价,不过高盛未作回应。

第3部分

贵金属及原油投资者行为及入市动机分析

（一）交易数据中的投资者行为分析（数据来自FX168盒子）

"FX168盒子"是一款嫁接在FX168投资英雄上的，运用人工智能技术、大数据分析和量化方法研发的，拥有全市场扫描、交易绩效评估、交易行为诊断和智能投顾四大功能模块的金融科技产品。

本次蓝皮书中我们首次引入"FX168盒子"的数据，通过扫描和分析我们看到，在2016年9月1日至2017年8月31日共计261个交易日期间，现货白银的震荡幅度最大（40.31%），虽然数据面和消息面都是利空偏多，但白银的多单（61.39%）远高于空单（38.61%），现货白银市场的投机属性显而易见。相较而言，原油市场要略好，虽然原油的震荡幅度也有近30%，但与现货白银不同的是，原油的利空（财经数据利空51.99%，信息面利空45.34%）和投资者实际的操作中的做空（53.05%）总体上表现较为同步。详见以下分析。

有关投资者更多投资行为分析，可参阅FX168《2017中国外市场蓝皮书》，在此不再赘述。

1. 市场行情整体状况

在2016年9月1日到2017年8月31日期间，时间上共跨越365日、261个交易日。现货黄金、现货白银以及原油表现如表1所示：

表1　市场行情整体状况

整体状况	
起始时间	2016年9月1日
结束时间	2017年8月31日
自然日	365
交易日	261

每个品种状况									
品种	震荡幅度	涨跌幅度	开盘价	收盘价	最高	最低	点数	阴线	阳线
现货黄金	20.47%	0.95%	1 308.95	1 321.43	1 352.71	1 122.89	124	121	136
现货白银	40.31%	−5.85%	18.67	17.57	20.14	14.36	109	123	134
原油	29.42%	5.02%	44.82	47.07	55.21	42.02	601	130	128

2. 市场财经数据整体状况

在2016年9月1日到2017年8月31日期间，市场财经数据不断，从"FX168盒子"中数据可以看出，贵金属及大宗商品相关的重要数据还是比较多的，详细数据情况见表2：

表2　市场财经数据整体状况

整体数据状况	
起始时间	2016年9月1日
结束时间	2017年8月31日

品种数据状况				
品种名称	数据总数	利多数据	利空数据	利多占比	利空占比
现货黄金	1 403	602	714	42.91%	50.89%
现货白银	1 403	602	714	42.91%	50.89%
原油	452	202	235	44.69%	51.99%

3. 市场信息分析整体状况

在2016年9月1日到2017年8月31日期间，市场财经信息上有大量的机构和分析师对交易品种进行多角度分析，黄金、白银、原油比较受机构和分析师青睐，全年有大量的分析观点(见表3)：

表3 市场信息分析整体状况

整体信息状况	
起始时间	2016年9月1日
结束时间	2017年8月31日

品种信息状况				
品种名称	信息总数	利多	利空	利多占比	利空占比
现货黄金	631	389	171	61.65%	27.10%
现货白银	258	113	98	43.80%	37.98%
原油	247	99	112	40.08%	45.34%

4. 市场交易账户整体状况

交易账户上，黄金、白银及原油做空操作占比不一，详细交易品种对比数据如表4：

表4 市场交易账户整体状况

整体交易信息状况	
起始时间	2016年9月1日
结束时间	2017年8月31日

品种信息状况		
品种名称	做多占比	做空占比
现货黄金	30.46%	69.54%
现货白银	61.39%	38.61%
原油	46.95%	53.05%

（二）投资者入市动机调查（数据来自天津贵金属交易所）

为贯彻落实"支持实体经济，防控金融风险"主题思想，2017年天津贵金属交易所（以下简称"津贵所"）继续推进《贵金属现货市场投资者系列调研报告》，于2017年3月份组织开展市场投资者"入市动机"专项调研工作，区分个人投资者和机构投资者，分别从入市目的、入市需求、未来是否参与等角度进行调查。FX168财经集团经津贵所授权，摘录报告内容并发布如下：

1. 个人投资者重盈利，机构投资者重贸易流通

津贵所调研数据显示，个人投资者参与贵金属市场投资的目的以"快速赚钱"和"投资保值"为主，分别占53.4%和

数据来源：天津贵金属交易所。

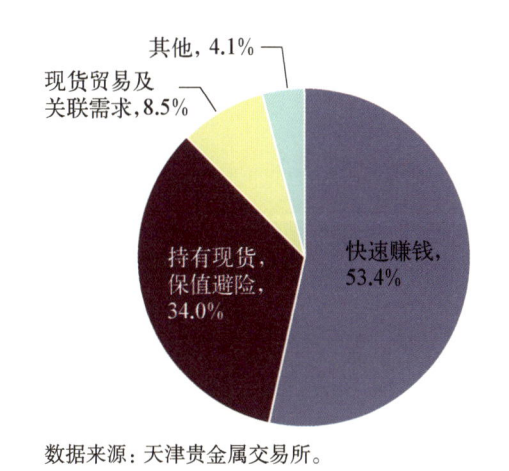

图1　个人投资者——入市主要目的（单选）

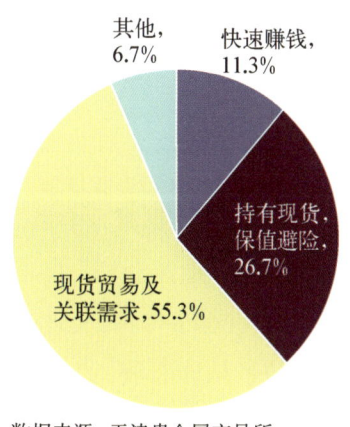

数据来源：天津贵金属交易所。

图2　机构投资者——入市主要目的（单选）

34.0%,"有一定现货贸易交易的需求"的个人投资者占8.5%。而受访的机构投资者群体,仅有11.3%以"快速赚钱"为入市目的,更多的机构投资者进入市场更倾向于因为有一定"现货贸易及关联需求",占比55.3%。由此可以看出,个人投资者偏重获取阶段性利益,而机构投资者多数在于寻求增加贸易机会及关联服务。

2. 现货市场对衍生品需求空间大,行业待转型升级

津贵所调研数据显示,个人投资者对"商品价格风险管理机制"和"违约风险管理机制"的需求突出,分别占81.2%和70.1%,机构投资者除对上述两项(分别为84.5%和78.6%)有着同样明确的需求外,在"征信和信用管理"以及"供应链融资"上的需求也非常显著,分别达到66.2%和63.4%。两类受访者选择"没有相关需求或不了解"的受访者均不足一成。综合来看,单纯的现货贸易,或仅通过价格波动获取收益的功能结构已难以满足投资者多元化需求,提供多样化的现货和现货衍生品服务的复合型市场或是未来行业转型升级的方向。

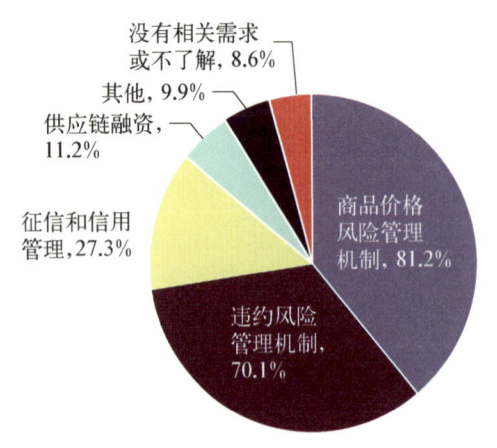

数据来源:天津贵金属交易所。

图3 个人投资者——对现货市场相关衍生服务需求(多选)

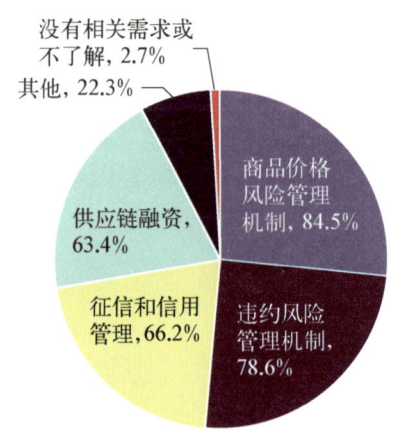

数据来源:天津贵金属交易所。

图4 机构投资者——对现货市场相关衍生服务需求(多选)

3. 现货市场对个人投资者和机构投资者吸引点各不相同

津贵所调研数据显示,个人投资者认为现货市场的"交易、交收方式灵活,个性化强""价格波动,迅速获利"和"信息透明、风险相对可控"是最为"有利"的三大因素,分别占比68.1%、64.6%和38.3%。而机构投资者在"交易、交收方式灵活,个性化强"上超过半数受访者认同有利,占比50.7%,"聚集客户,更多贸易机会""获得风险对冲、融资等金融衍生品"和"打通供需中间环节,降费增效"上均有过半甚至更多受访者认同有利,分别是74.7%、56.7%和50.3%,但因为"价格波动,迅速获利"而来的机构投资者则不足

两成,仅有13.3%。由此可见,现货市场吸引个人和机构投资者的有利因素各不相同,现货平台应对入市投资者进行合理分类,建立多层次的专业服务体系。

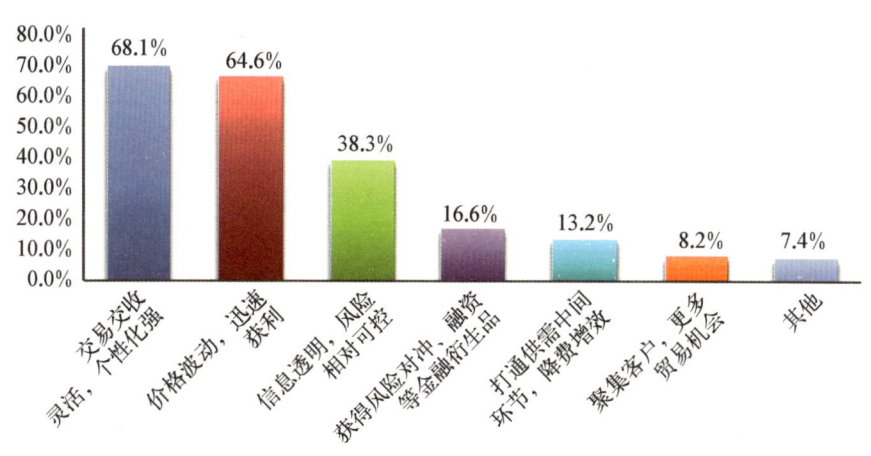

图5 个人投资者——认为贵金属投资的有利因素(多选)

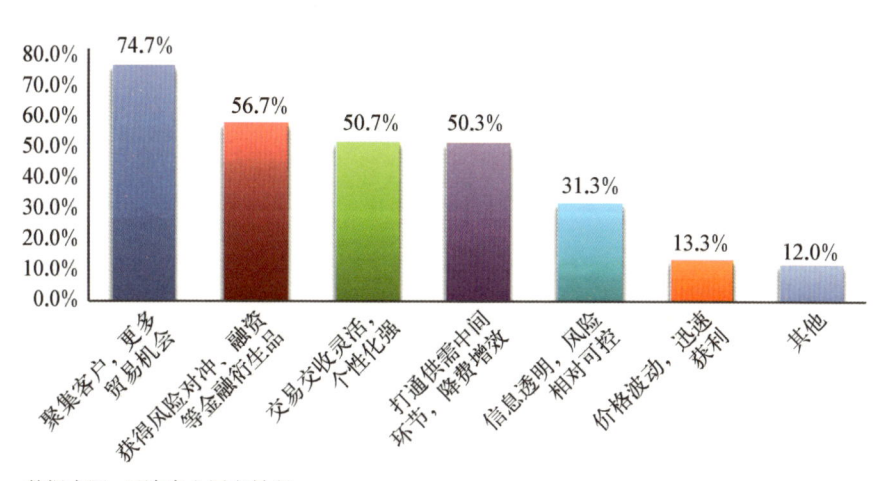

数据来源:天津贵金属交易所。

图6 机构投资者——认为贵金属投资的有利因素(多选)

数据来源:天津贵金属交易所。

4. 法律法规不健全是制约行业发展的首要因素

津贵所调研数据显示,有八成左右的个人(82.6%)和机构投资者(79.3%)认为制约现货市场发展的首要因素为"行业法律法规不健全",同时,46.0%和37.7%的个人受访者分别认为"部分平台经营不合规"或"风险管理制度需加强",还有34.0%的个人投资者表示不熟悉相关专业知识。除此之外,51.3%的机构投资者认为"功能单一、缺乏复合型功能"是现货市场发展的主要瓶颈,排在之后的分别是"重交易,轻交收"(44.7%)、"风险管理机制需加强"(44.0%)。

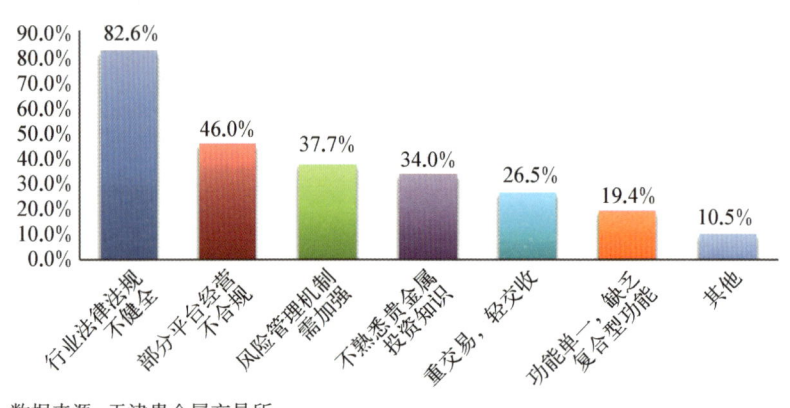

图7 个人投资者——认为当前贵金属现货市场的制约因素（多选）

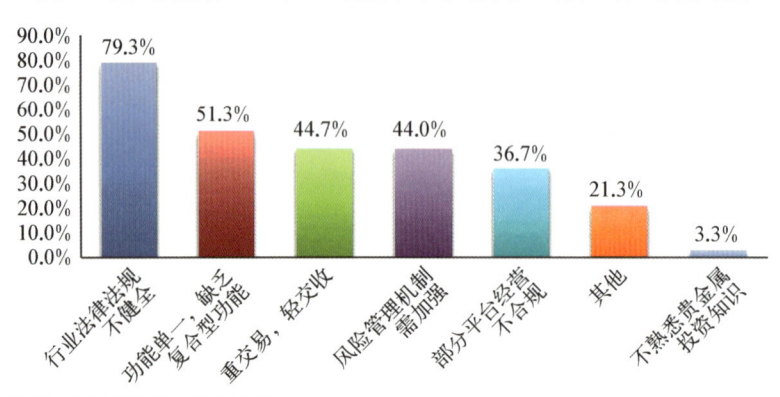

数据来源：天津贵金属交易所。

图8 机构投资者——认为当前贵金属现货市场的制约因素（多选）

数据来源：天津贵金属交易所。

5. 大多数投资者保有信心，贵金属现货行业发展机遇良好

津贵所调研数据显示，82.0%的机构投资者表示未来会"继续参与贵金属交易"，同时有72.7%的个人投资者也表示会继续参与。可以看出，大部分投资者对贵金属现货市场保有信心，行业未来发展机遇良好。

数据来源：天津贵金属交易所。

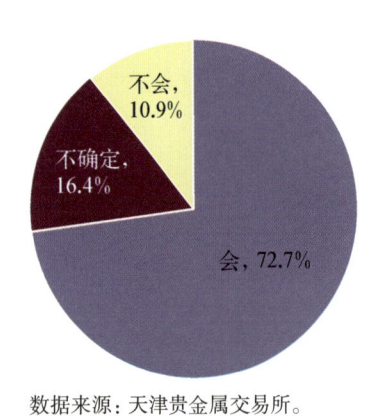

图9 个人投资者——是否继续参加贵金属交易（单选）

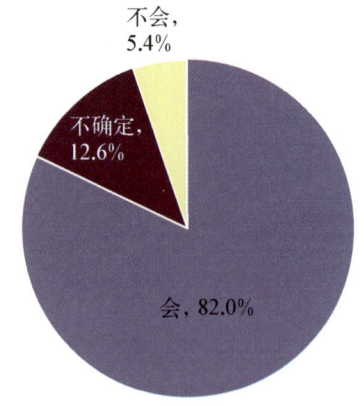

数据来源：天津贵金属交易所。

图10 机构投资者——是否继续参加贵金属交易（单选）

第4部分

国内外主要交易所贵金属及能源类品种交易表现

中国贵金属及大宗商品市场仍然是一个分散的市场，交易品种繁多，无法逐一统计。本部分我们选取有公开可信统计数据的上海黄金交易所及上海期货交易所相关数据，通过分析金、银及金属、能源类交易品种的成交数据，与读者共同回顾2017年前8个月贵金属及大宗商品的交投情况和变化趋势。与此同时，我们还对国际上的两大交易所CME及ICE的贵金属及能源类交易品种的交投情况进行了统计和分析，以期找到不同市场的异同。

通过比较，我们发现，中国作为新兴市场以及大宗商品需求大国，金融市场发展过程中新产品、新服务的推出对自身发展至关重要。比如，上海黄金交易所近几年先后推出黄金"国际板"、黄金"沪港通"、"上海金"定盘价机制，使中国黄金市场成为中国开放程度较高的金融子市场。同时，"上海金"的推出以及成交量不断放大，进一步增强人民币在黄金等金融要素市场的定价能力，提升中国黄金市场在国际规则制定中的话语权和影响力。相比之下，在成熟的市场中，价、量的关联性十分明显，价格大幅波动之时成交量也随之放大，常态下交易量的波动则是升降互现的局面。

（一）上海黄金交易所

1. 2017年金交所交割量攀升，"上海金"成交异常活跃

尽管上海黄金交易所（SGE）2017年前8个月的各类黄金合约成交量较2016年同期微幅下降，但黄金的交割量同比却大幅度攀升。数据显示，2017年前8个月金交所的黄金合约累计成交量较2016年同期微幅下跌1.7%，其中现货合约成交量基本持稳，递延合约成交则略有下滑。与此同时，自2014年"国际板"黄金合约上市后，成交量逐年持续低迷，2017年前8个月成交量同比进一步下滑。但值得注意的是，2016年4月正式登陆金交所的"上海金"成交异常活跃，进入2017年以来交易量呈现加速上行的趋势，有望进一步增强人民币在黄金等金融要素市场的定价能力，提升中国黄金市场在国际规则制定中的话语权和影响力。

根据上海黄金交易所截至2017年8月31日的数据显示，2017年1—8月黄金各类合约累计成交32 254 154.38千克，折合32 254.15吨，较2016年同期微幅下跌1.7%。与此同时，2017年1—8月金交所累计交割黄金8 154 218.28千克，折合8 154.22吨，较2016年同期大幅攀升12.5%（见图1）。

现货合约方面，2017年1—8月包括Au99.99、Au99.95、Au100g以及"国际板"iAu9999合约的累计成交量为4 649 701.28千克，约合4 649.70吨，较2016年同期微幅增加0.4%。其中，Au99.95合约前8个月的成交量同比大幅增长57%，而Au99.99合约前8个月的成交量同比却小幅下滑

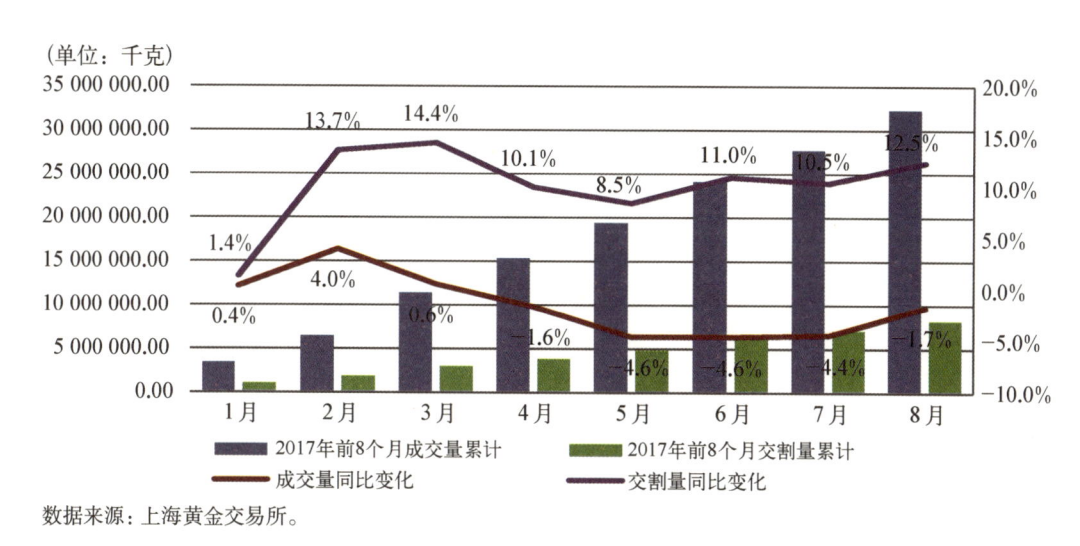

第4部分　国内外主要交易所贵金属及能源类品种交易表现

图1　2017年金交所黄金成交量、交割量

数据来源：上海黄金交易所。

3.6%。与此同时，"国际板" iAu9999合约2017年前8个月的成交量同比再次下滑12.6%，表明自2014年国际板推出以来，国际机构对该合约的兴趣并不大。

递延合约方面，2017年1—8月包括Au（T+D）、mAu（T+D）、Au（T+N1）以及Au（T+N2）合约的累计成交量在15 090 084.00千克，约合15 090.10吨，较2016年同期小幅下降5.9%。其中，作为成交最活跃的合约——Au（T+D）合约前8个月的成交量同比小幅增长3.6%，但Au（T+N1）以及Au（T+N2）这两个合约前8个月的成交量同比跌幅均超过60%。

询价合约方面，2017年1—8月包括询价Au99.95、询价Au99.99以及"国际板"询价iAu99.99合约的累计成交量在11 777 405.90千克，约合11 777.41吨，较2016年同期微幅下滑0.5%。其中，询价Au99.95合约前8个月的成交量同比大幅下跌48.6%，但"国际板"询价iAu99.99合约前8个月的成交量却大幅增长48.6%。

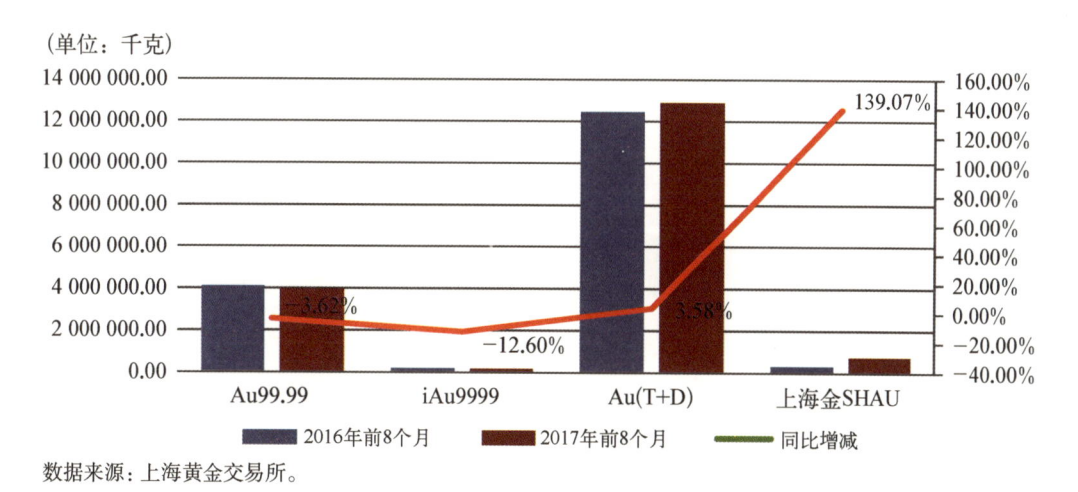

图2　2017年与2016年金交所合约成交量对比

数据来源：上海黄金交易所。

2016年4月19日，中国人民币黄金定盘价——"上海金"正式登陆金交所，自上市之后成交量持续攀升，进入2017年后成交量增速更是惊人。根据上海黄金交易所的数据，2017年1—8月上海金SHAU的累计成交量在736 008.00千克，约合736.00吨，较2016年同期暴增139.07%（注：2016年1—4月无成交量）。合约成交量对比情况见图2。

从月度成交量看，上海金SHAU成交量除2017年5月较2016年同期有所下滑外，其余月份同比均上涨，且2017年7月涨幅一度接近190%，2017年8月涨幅也接近170%（见图3）。

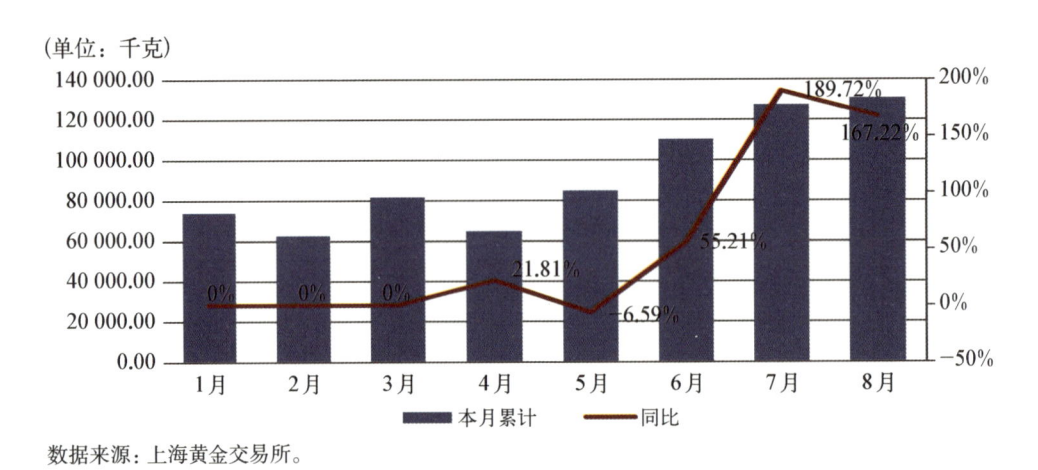

数据来源：上海黄金交易所。

图3　2017年1—8月上海金SHAU月度成交量

从各类合约的成交量占比来看，递延合约依旧占据着近半壁江山。数据显示，2017年前8个月递延合约成交量占金交所总成交量的47%，但该比例较2016年全年的占比减少了2个百分点。与此同时，2017年前8个月现货合约的成交量占比与2016年全年持平，询价合约成交量占比略微下滑1个百分点。值得注意的是，2017年前8个月中，刚刚上市满一年的上海金SHAU合约成交量占比已经从2016年全年的1%提高了1个百分点，相信未来该合约的成交量占比还会进一步攀升（见图4、图5）。

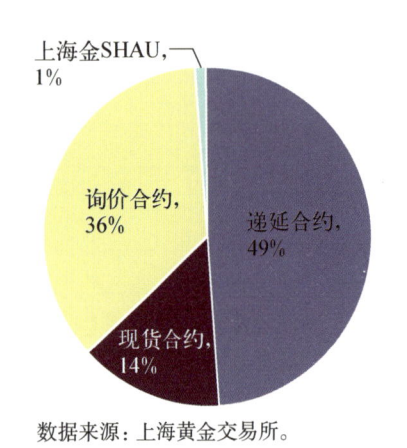

数据来源：上海黄金交易所。

图4　2016全年金交所各合约成交量占比　　图5　2017年前8个月金交所各合约成交量占比

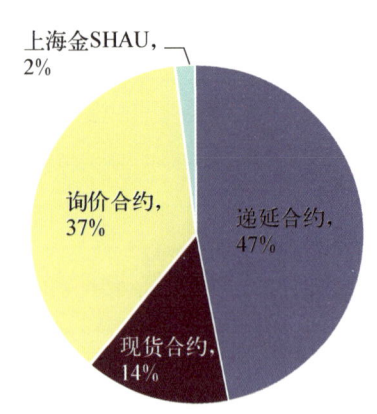

至于白银合约方面，根据上海黄金交易所的数据显示，2017年1—8月包括Ag（T+D）和Ag99.99在内的白银合约总成交量累计达845 289 786.00千克，约合845 289.79吨，较2016年同期增加26.2%。这其中主要归功于Ag（T+D）的成交量在2017年前8个月同比增长26.2%，而Ag99.99合约的成交量同比减少了57.4%。

2. 上海黄金交易所会员金银成交量分析

根据上海黄金交易所的数据显示，与2016年的情况相同，2017年旗下会员深圳金融在黄金买卖方面最为活跃。在2017年前8个月的交易中，深圳金融5次登上月度黄金交易量的前三甲榜单，且在2月和3月拔得头筹，2017年1月和2月的交易量占比均超过10%。

另外，中国银行、浦发银行、工商银行及交通银行也是金交所会员黄金交易量前三甲的常客。在2017年前8个月的交易中，中国银行4次登上月度黄金交易量的前三甲榜单，而浦发银行、工商银行和交通银行也分别有3次进榜。值得注意的，浦发银行进入下半年后开始发力，2017年7月和8月均登上月度黄金交易量的榜首，且占比分别在11.01%和12.54%（见图6）。

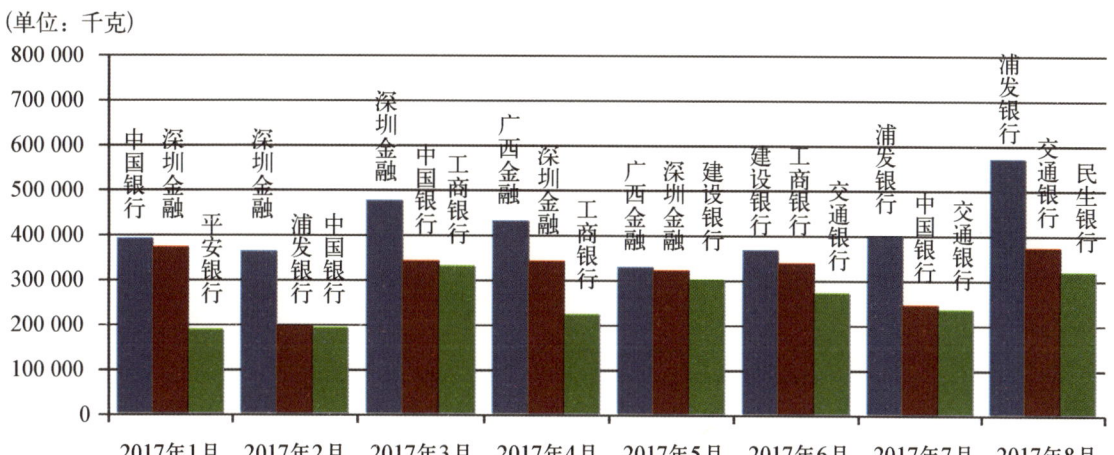

（单位：千克）

数据来源：上海黄金交易所。

图6　2017年1—8月金交所会员黄金交易量前三甲

至于白银方面，2017年金交所会员的绝大多数白银交易被深圳金融、广西金融以及工商银行三家掌控，其中深圳金融无论在排名还是交易量上均可谓独步天下。数据显示，在2017年前8个月的交易中，深圳金融均出现在月度白银交易量前三甲的榜单内，且5次登上榜首。在2017年1—3月中，深圳金融的白银交易量占比均超过20%，随后几个月的占比逐步下降至20%以下。

另外，工商银行和广西金融也是金交所月度白银交易量前三甲榜单的座上客。其中,2017年前8个月工商银行均榜上有名,而广西金融则7次进榜,并在4月、5月和6月拔得头筹,且4月和5月的交易量占比均超过20%(见图7)。

(单位：千克)

数据来源：上海黄金交易所。

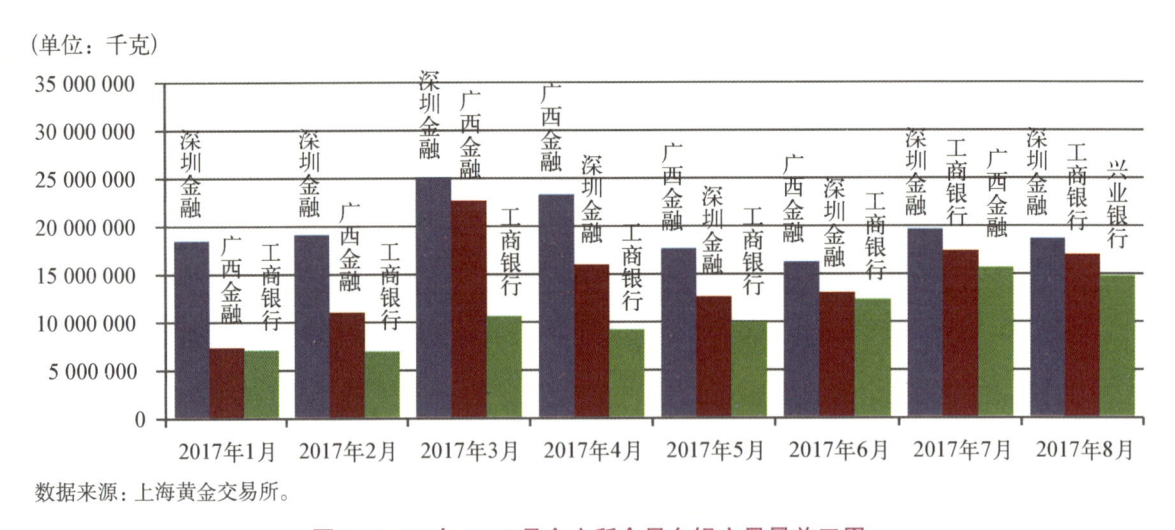

图7　2017年1—8月金交所会员白银交易量前三甲

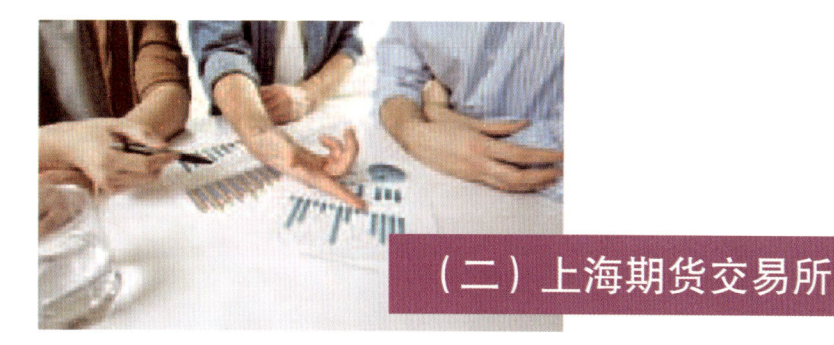

（二）上海期货交易所

上海期货交易所2017年1—8月整体成交量较2016年同期大幅下降，年内市场风险因素的增加令黄金、基本金属以及能源类大宗商品价格涨跌不一，避险需求令投资者交易行为有所放缓。截止到2017年8月31日，上期所1—8月各项合约累计成交量1 873 357 546手，较2016年同期减少24.1%。本书中特别选取了铝、黄金、白银以及螺纹钢这四大2017年上期所最受关注的交易产品，进行成交量分析，为投资者展现上期所核心产品的交易情况。

1. 黄金、白银均显低迷，但白银成交量完胜黄金

进入2017年以来，受市场避险需求的影响，黄金和白银价格震荡走高，不过国内金银价格均出现了不同走向，沪金价格年内上涨近4%，而沪银价格年内则下挫近2.5%，但上期所成交量表现上，白银却远远超过黄金。虽然在2017年的前8个月中沪金成交量均远逊于上年同期，而沪银除2月以外，其余月份的成交量也较2016年同期出现大幅度下跌，但2017年前8个月沪银成交量均大幅超过沪金。

数据显示，上期所2017年1—8月沪金成交量累计28 437 450手，按每手1 000克计算，成交量为28 437 450 000克，合28 437.45吨，同比锐减45.87%。

与此同时，上期所2017年1—8月沪银成交量累计78 098 352手，按每手15千克计算，成交量为1 171 475 280千克，合1 171 475.28

吨,同比减少33.25%。沪金、沪银成交量情况见图8、图9、图10。

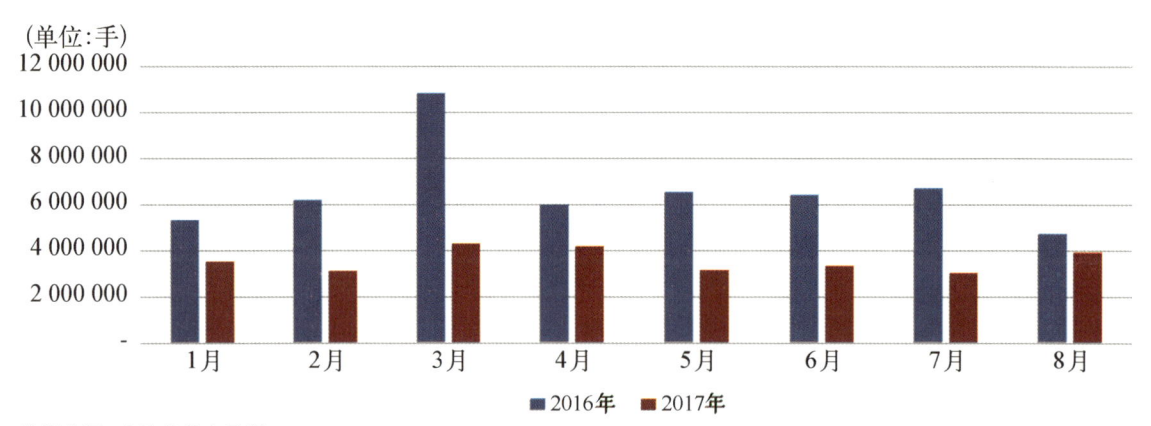

图8　2016年和2017年1—8月沪金成交量

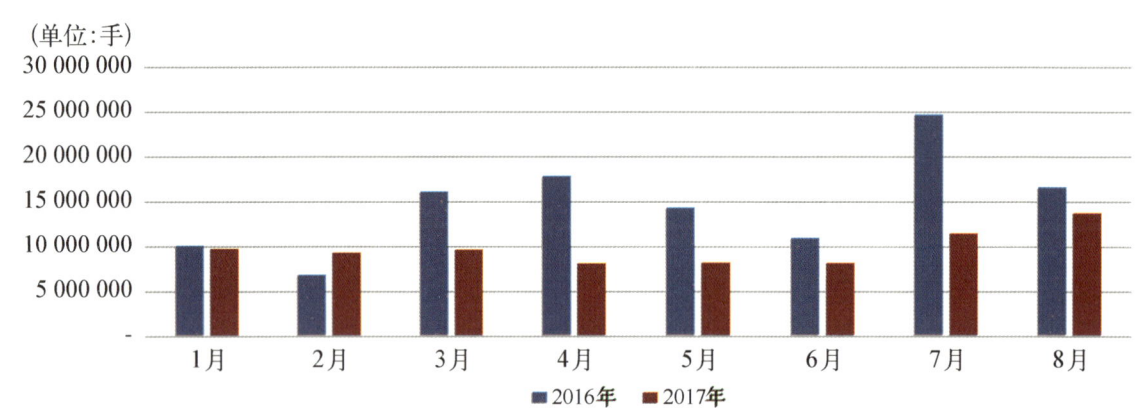

数据来源:上海期货交易所。

图9　2016年和2017年1月—8月沪银成交量

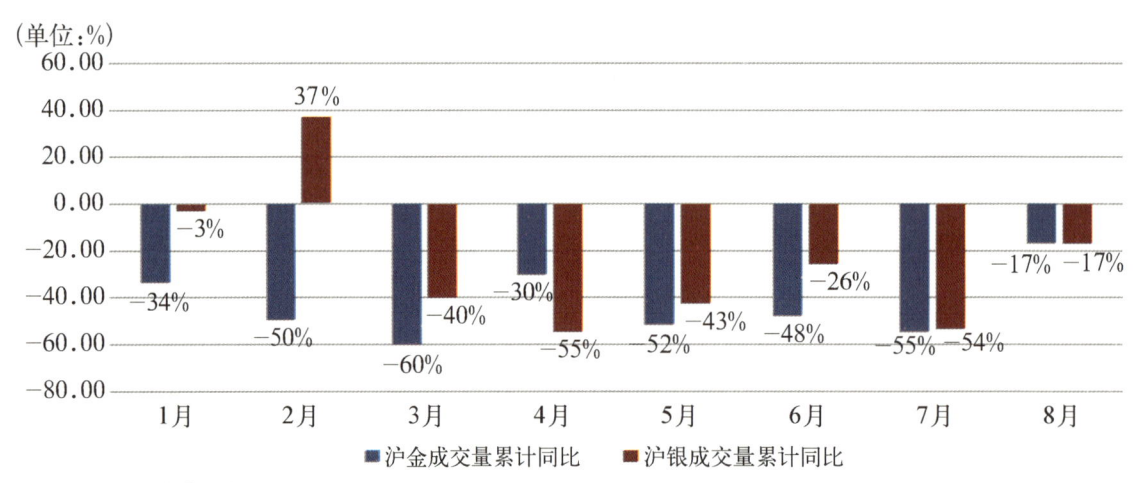

数据来源:上海期货交易所。

图10　2017年1—8月沪金、沪银成交量

数据来源:上海期货交易所。

2. 铝成交量逆势成为明星，供给侧改革有望继续推升价格

根据国际铝业协会（IAI）数据显示，2016年全球电解铝产量5 887万吨、消费量5 960万吨，短缺73万吨；中国电解铝产量3 250万吨、消费量3 270万吨，短缺20万吨。

全球铝价在2015年经历了大幅下跌后，导致铝价低于现金成本，从而令国内多家企业关停生产。由于电解铝的重启成本高，因此联合减产对电解铝的短期供给构成实质性缩减，供需关系的变化正是导致2016年以来国内铝价大幅反弹的诱因。虽然2017年上半年铝等基本有色金属价格呈现出先涨后跌的态势，但在2017年6月14日美联储宣布本年度第二次加息后，铝价再度震荡上涨。

由于电解铝企业盈利改善，中国市场原铝的当月供给略多于需求，但全球其他地区则是原铝供不应求的情况居多。根据卓创资讯网统计，至2017年8月底国内电解铝建成产能共计4 498万吨，运行产能3 583万吨，产能运行率接近80%，环比减少2.47%。2017年1—7月电解铝产量为1 953万吨，同比增加7.5%。由此可见，即使考虑限产的情况下，2017年电解铝供给可能也不会出现短缺。同时由于社会库存高企，大面积供应短缺的情况料不会出现，这令铝价进一步上涨的动能有所减弱。

从2017年前8个月的成交量情况看，铝成交量出现逐步收缩的趋势，不过8月成交量出现井喷，8月铝成交量同比急升338.44%，引发市场关注。而整个有色产业品种8月也实现量价齐升，显示当月市场做多热情强烈，后市上涨动能充足。

数据显示，上期所2017年1—8月沪铝成交量累计78 056 918手，按每手5吨计算，成交量为390 284 590吨，同比增长49.33%（见图11）。

（单位：手）

数据来源：上海期货交易所。

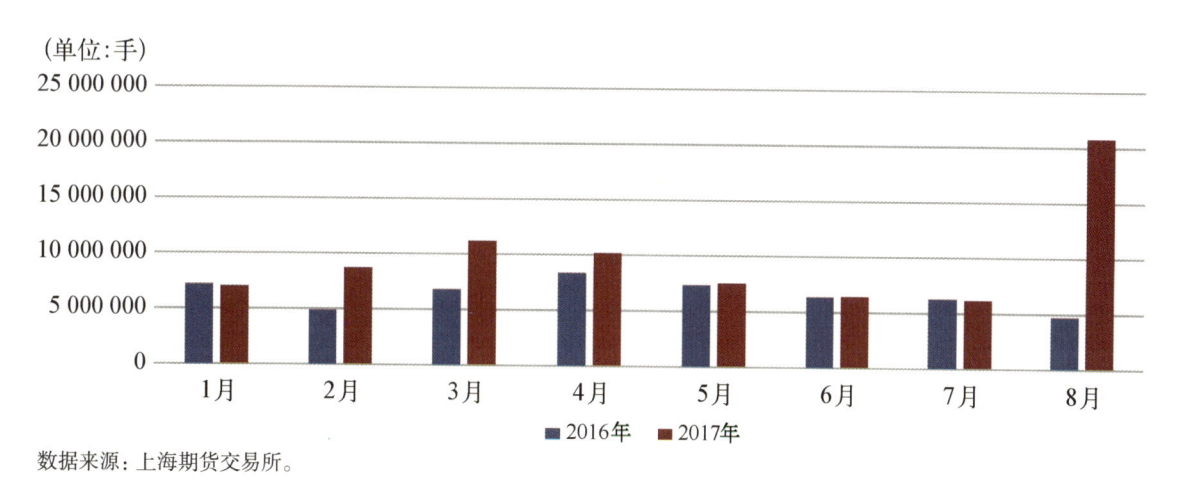

图11　2016年和2017年1—8月沪铝成交量

3. 供给侧改革带来钢价稳步回升，螺纹钢再现疯狂一天

近年来，在国内供给侧改革的背景下，钢价迎来了一个稳步回升的阶段。不过在钢

价接近12年高位水平、钢厂吨钢利润超千元的情况下,部分分析师认为市场存在回调风险。但根据均价数据可以发现,2017年不论是螺纹、热卷或是中厚板的全年均价,与2012年全年均价对比均有400元/吨左右的差距,这表明钢价回调的紧迫性似乎并不太高。

另一方面,2017年3月27日,钢铁煤炭行业化解过剩产能和脱困发展工作部际联席会议在京召开钢铁去产能工作会议。2017年要化解过剩产能5 000万吨左右、上半年彻底取缔"地条钢"等。地条钢涉及产能约为1至1.5亿吨,全部去除之后将有效影响行业的整体供给格局,最为明确和直接的是对螺纹钢行业的影响。

目前国内高炉企业产能利用率及开工率仍处于较低的水平,且在供给侧改革和环保高压的背景下,供应偏紧的情况将成为常态。这为螺纹钢价格带来了稳定支撑,也正因价格的稳定,2017年前8个月螺纹钢成交量同比大幅下降31.02%。其中3月、4月成交量更是同比锐减63.84%、65.6%。2017年8月11日是螺纹钢期货疯狂的一天,单日成交1 073万手,按1手10吨换算,成交量约1亿吨,超越2017年上半年全国的螺纹钢产量的9 959万吨。

数据显示,上期所2017年1—8月螺纹钢成交量累计848 711 564手,按每手10吨计算,成交量为8 487 115 640吨,同比减少41.15%。螺纹钢成交量情况见图12。

数据来源:上海期货交易所。

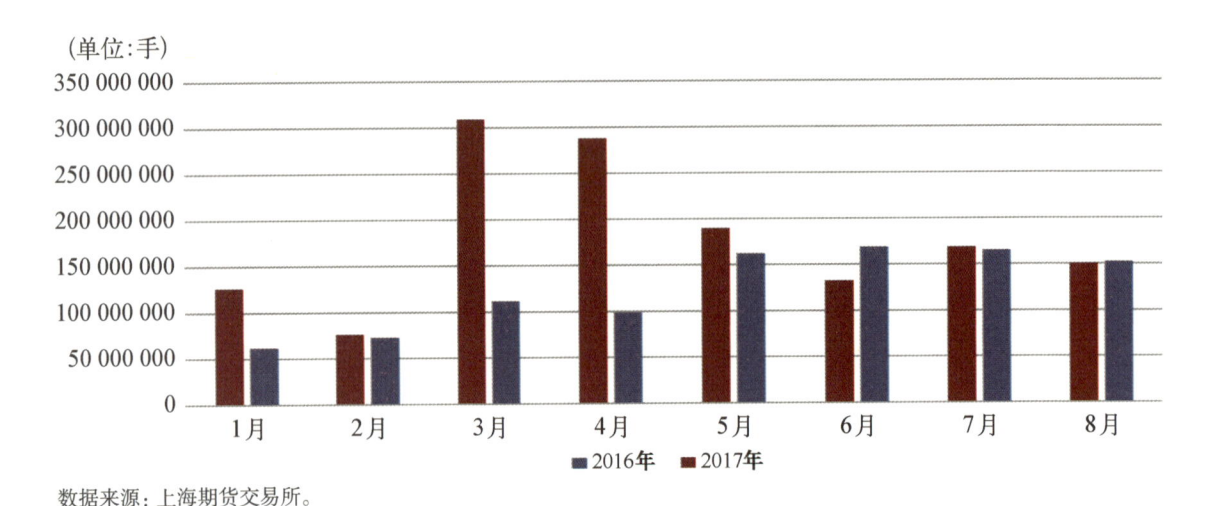

图12 2016年和2017年1—8月螺纹钢成交量

（三）CME旗下金银期货交易状况

进入2017年，各种风险事件的爆发令避险情绪骤然升温，使得黄金的交易开始活跃，成交量较2016年得到了进一步增长。特别是随着朝鲜半岛紧张形势的进一步加剧以及美元和美债收益率的疲软，2017年8月COMEX期金交易量创历史新高，共有价值9 000亿美元约655万份期金合约交易转手，该交易量超过特朗普当选美国总统及此前所有期金交易量高位。

2017年前8个月，除6月成交量不及2016年同期外，其他月份的成交量均超过2016年，其中1月和8月成交量同比增幅分别高达45.76%和55.17%。

整体来看，截止到2017年8月，COMEX期金年内总成交量达到45 142 647手，按每手100盎司计算，成交量为4 514 264 700盎司，约合140 409.43吨，较2016年同期增长15.46%。2017年前8个月除了2月、4月和6月成交量相对较低以外，其他月份交易量均居于高位。

白银方面，虽然2017年贵金属迎来集体大爆发，但素有"魔鬼的金属"之称的白银却走势诡异。2017年前4个月白银强势上涨17%，稳坐贵金属上行走势的头把交椅。然而自5月起的3个月内，白银又突然像被诅咒了一般几乎尽数回吐年内全部涨幅。

尽管如此，过山车般的震荡走势令COMEX期银成交量同比增幅却要强于期金。2017年前8个月，COMEX期银成交量每月均同比增加，其中1月、5月和8月成交量同比增幅分别达47.23%、60.91%和34.31%。

整体来看，截止到2017年8月，COMEX期银年内总成交量达到15 550 531手，按每手5 000盎司计算，成交量为77 752 655 000盎司，约合2 418 379.70吨，较2016年同期增长26.93%。另外，与COMEX期金不同的是，COMEX期银一年当中1月、3月、5月和7月的成交量普遍较低，而2月、4月、6月和8月的成交量相对较高。

COMEX期金、期银月度交易量情况见图13、图14。

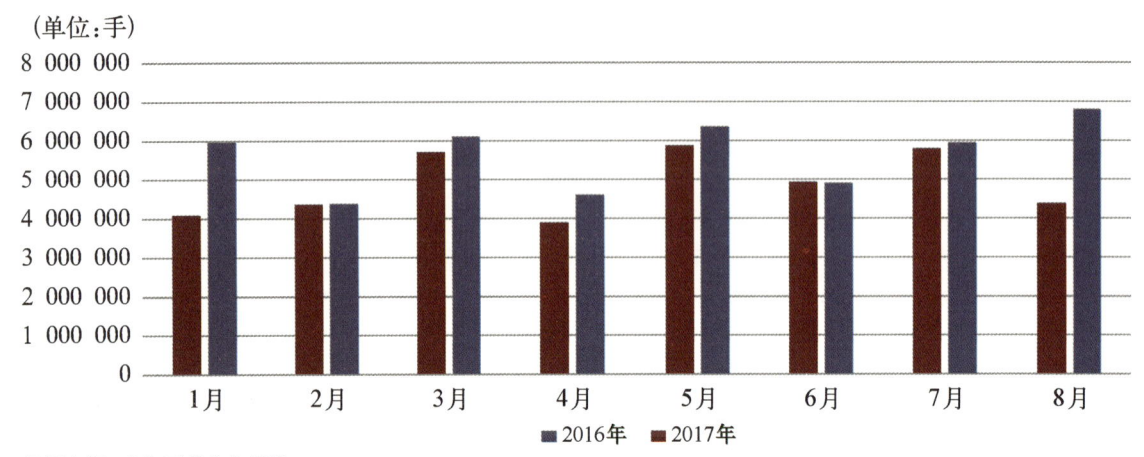

数据来源：芝加哥商业交易所。

图13　2016年和2017年1—8月COMEX期金月度交易量

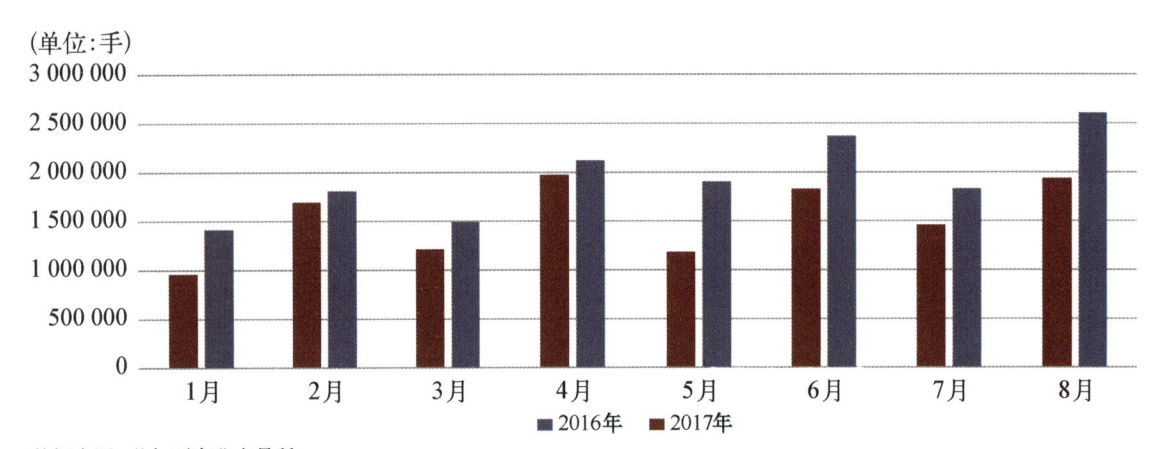

数据来源：芝加哥商业交易所。

图14　2016年和2017年1—8月COMEX期银月度交易量

（四）CME的WTI及ICE的布伦特原油交易状况

布伦特原油虽然只代表北海布伦特原油价格，但同时也是全球65%的原油交割价格标杆，拥有与WTI原油不同的地位。通常而言，布伦特原油的成交量往往更高，但2017年前8个月内，芝加哥商业交易所（CME）的WTI原油合约成交量却全面领先洲际交易所（ICE）的布伦特原油合约，同时存在着差距逐步扩大的趋势。

在同一品种的纵向比较中，2017年前8个月WTI原油合约的成交量较2016年同期整体增加，WTI原油价格的震荡走势在中间起到了很大作用。受石油输出国组织（OPEC）减产协议开始实施的推动，2017年2月20日WTI油价一度升

数据来源：芝加哥商业交易所、洲际交易所。

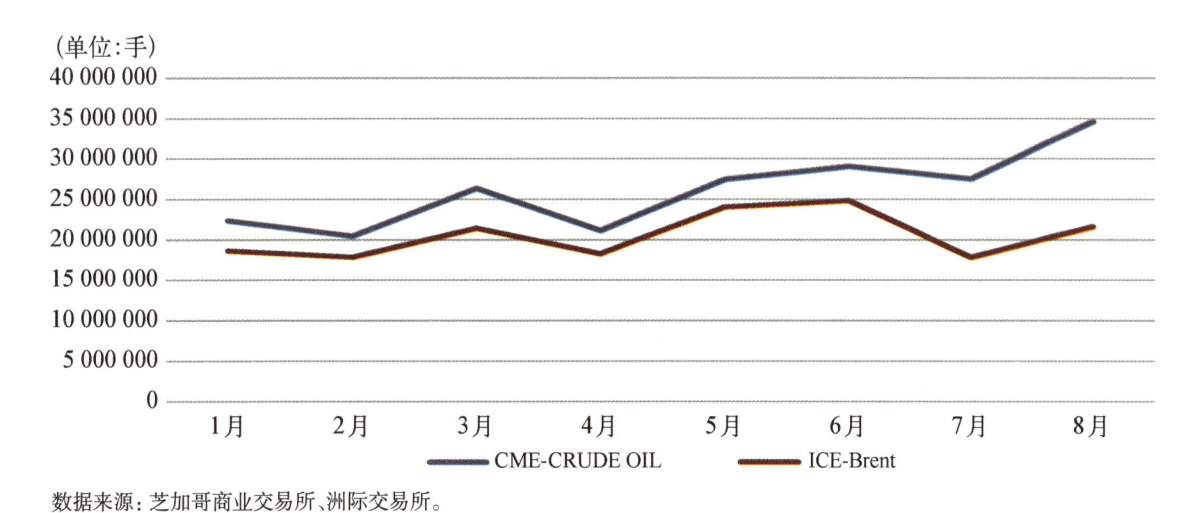

图15　2017年1—8月CME的WTI与ICE的布伦特原油月成交量

至54.94美元/桶的年内高位,但随后由于供应过剩忧虑重新升温油价再度震荡下行,于2017年6月19日触及42.05美元/桶的年内低位,之后一直保持震荡走势。

数据显示,2017年1—8月CME的WTI原油合约的累计成交量为209 610 862手,按每手1 000桶计算,成交量为20 961 086.2万桶,同比增加17.72%。

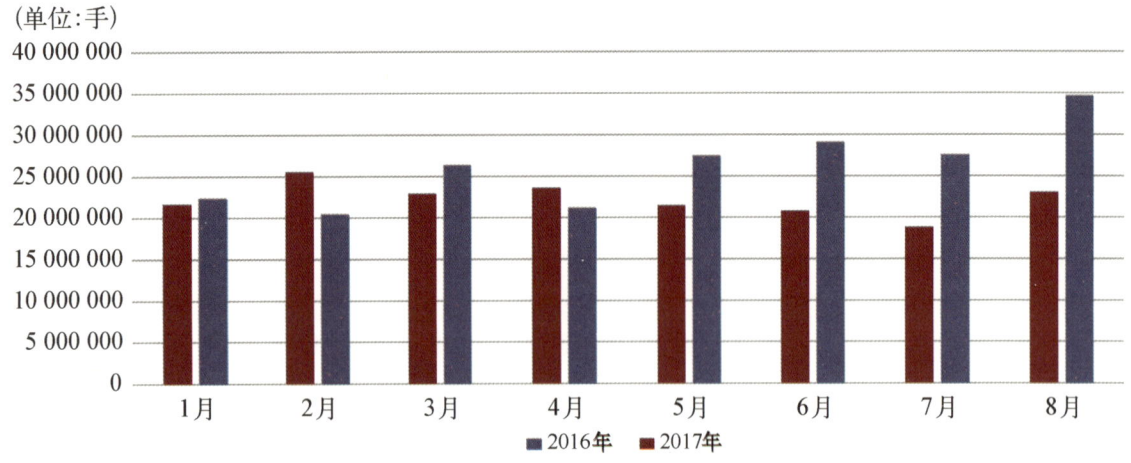

数据来源:芝加哥商业交易所。

图16　2016年和2017年1月—8月WTI原油月成交量

布伦特原油2017年1—8月走势与WTI原油整体相似,总成交量同比增幅也非常接近,其中5月和6月同比增幅最大,分别为48.71%和56.17%,因当时油价回调幅度较大。

数据显示,2017年1—8月ICE的布伦特原油合约的累计成交量为164 880 081手,按每手1 000桶计算,成交量为16 488 008.1万桶,同比增加17.74%。

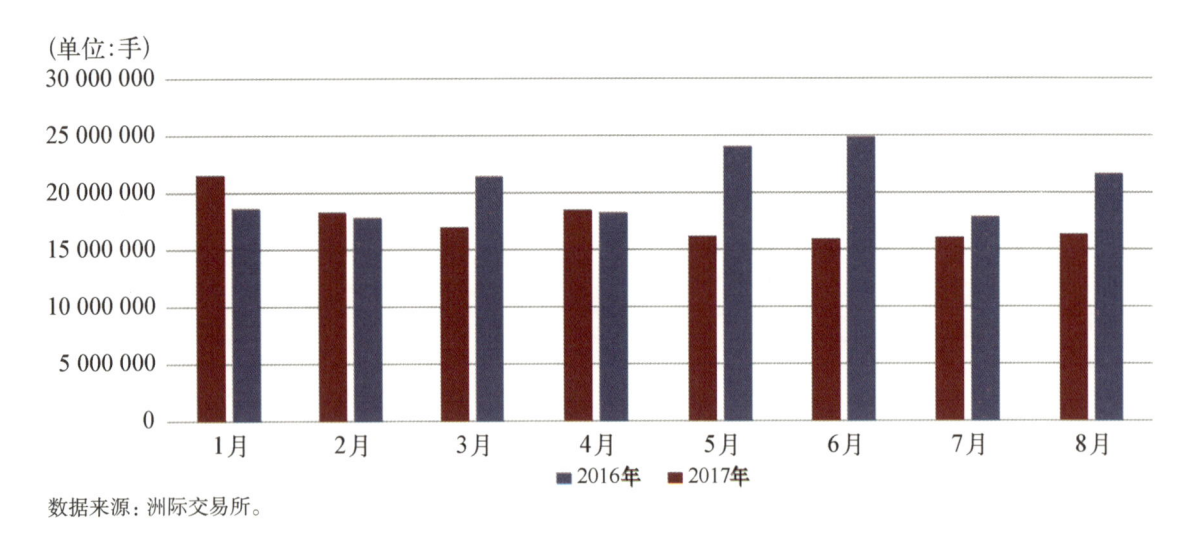

数据来源:洲际交易所。

图17　2016年和2017年1—8月ICE的布伦特原油月成交量

第5部分

贵金属走势回顾、分析及展望

（一）贵金属供需基本面分析

1. 黄金需求遭遇寒流，供应峰值或将至

2017年上半年，全球黄金总需求下滑，第一季度的全球黄金总需求为1 034.5吨，同比下降18%，第二季度黄金需求为953.4吨，同比下降10%，上半年总需求为2 003.8吨，同比下滑14%。需求下降的主因首先是与2016年的黄金ETF资金的强劲流入相比，2017年黄金ETF增持大幅放缓；其次，2017年上半年各中央银行的总购买量是176.7吨，同比小幅下跌3%。相比之下，金条及金币投资和金饰需求均有所上升，但是从长期看，金饰需求仍处低位。此外，科技行业需求也有小幅增长。

在2017年第二季度，投资者的全球ETF持仓量增加了56吨；金条和金币的需求同比增长了13%。欧洲主导了2017

吨	2016年第2季度	2017年第2季度	同比变化
投　资	450.3	296.9	−34%
金条、金币	212.9	240.8	13%
印　度	32.3	40.7	26%
中　国	40.2	62.6	56%
黄金ETF	237.4	56.0	−76%

资料来源：世界黄金协会。

图1　黄金投资变化图

年的黄金ETF市场，占据了上半年76%的增持量。第二季度中国和印度的金条和金币需求相比2016年较低的水平上大幅上涨；但第二季度美国的需求尤为疲软。

印度方面，在遭遇2016年的政策动荡后，印度消费者迎来了国内市场相对平稳的时期，需求再度活跃。第二季度需求同比增长26%，达到40.7吨。这是连续3个季度同比增长。佛陀满月节期间的销量尤为强劲，占据了整个季度金条和金币需求的15%左右。

2017年7月1日，印度复杂的税务体系将由简单的全国性商品服务税（GST）取代。黄金商品服务税也从当日起上调。2017年6月3日公布的3%的起征黄金税率受到业界的欢迎，因为它远远低于预期的水平。尽管较高的税收是黄金需求的不利因素，但这项税收政策是朝符合消费者利益的方向改变，将会提振黄金的需求。

中国方面，2017年第二季度，中国的金条和金币需求同比增长56%，达到62.6吨，需求非常强劲。但在近期趋势方面，中国的零售投资显然略有放缓。由于节庆因素，中国的需求在2016年最后一个季度和2017年第一季度极强，每个季度的购买量都超过100吨，2017年第一季度的需求为176.5吨。根据传统民间习俗的讲法，由于2017年有双春和闰月，因此成为吉利的结婚年，也推动了这种季节性的需求。上海黄金交易所下单的购买量继续增长，占据了第二季度金条和金币需求的很大比重。

央行储备购买方面，2017年二季度各国央行购买了94.5吨黄金，使上半年的总需求达到176.7吨。需求同比增长20%，第一季度的净买入量为76.3吨，但总体买入速度依然保守。其中，土耳其在第二季度购买了21吨；这是土耳其自20世纪80年代以来首次大幅增加储备。俄罗斯央行继续增加黄金储备，该行的黄金储备占其总储备量的17%。

虽然中国的外汇储备在2017年2月和3月有所增加，但央行购金却不见增长。同时，央行售金情况仍旧鲜有出现。

黄金供应方面，2017年第二季度的黄金供应总量为1 160.3吨，下跌8%：金矿产量保持稳定，而回收的黄金量在2016年暴增后继续回落，第二季度的回收量同比减少18%至279.7吨。

资料来源：世界黄金协会。

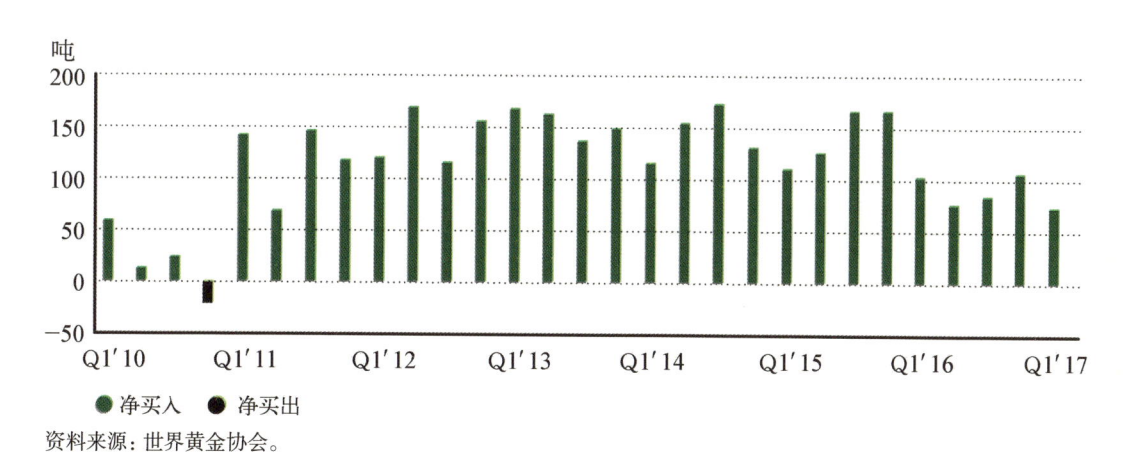

图2　各国央行购买黄金情况（2017）年

吨	2016年第2季度	2017年第2季度	同比变化
总供应	1 160.3	1 065.9	−8%
金矿产量	793.8	791.2	0%
生产商净对冲	24.0	−5.0	—
再生金量	342.5	279.7	−18%

资料来源：世界黄金协会。

图3 2017年第二季度全球黄金供应量

金矿产量同比几乎不变，下滑3吨至791.2吨，这是2014年以来产量最低的第二季度。全球上半年的产量为1 557.1吨，几乎持平。就像大部分季度一样，一些矿山增长的产量被其他矿山下跌的产量所抵消。

第二季度，多个国家的金矿产量都有所下滑。随着中国金矿行业继续推行严格的环保法规，中国的金矿产量在第二季度下降8%。坦桑尼亚政府和Acacia Mining公司之间的争端导致黄金产量暴跌20%。由于Oyu Tolgoi继续实施预定的开采低品味矿计划，蒙古的黄金产量同比下跌30%。

在印度尼西亚，Grasberg恢复金精矿的出口，大大提高了黄金产量，同比增加30%。这一因素使得第二季度的产量有所恢复。在加拿大，第二季度的黄金产量同比增长8%，部分原因是Hope Bay和Brucejack矿区启动生产。预计两个金矿每年都会让全球产量增

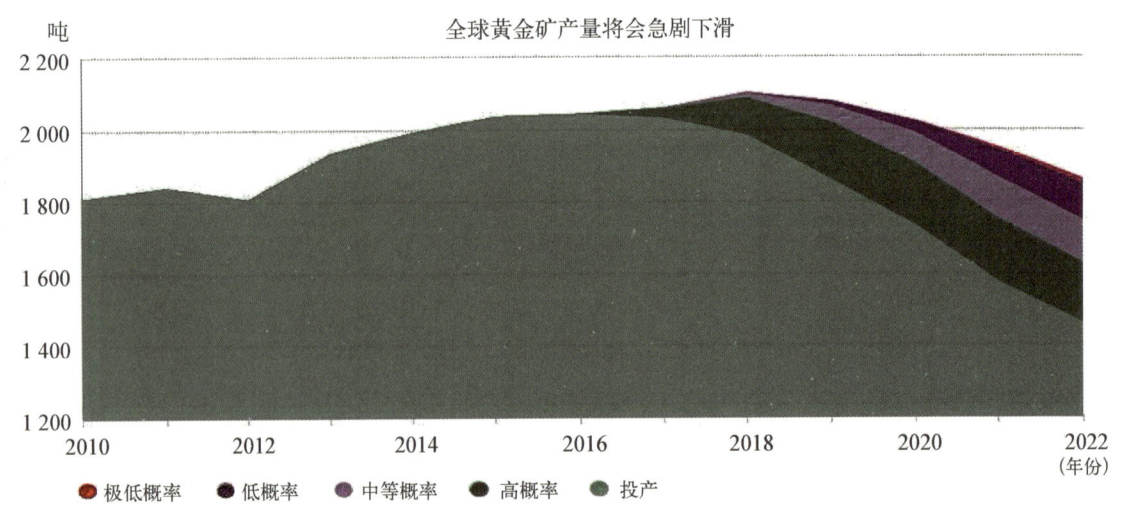

注：加权概率如下：投产(99.5%)，高概率(95%)，中等概率(50%)，低概率(25%)和极低概率(15%)。该统计图包含700个矿区和矿产项目的数据，共占2010年至2016年全球矿产供应量的约60%~65%。图中不包括未探明的和非正规/手工黄金生产。

资料来源：Metals Focus Database of Mines、世界黄金协会。

图4 2017第二季度全球黄金矿产量

加2～3吨。世界黄金协会预计金矿产量将从2019年开始下跌。尽管有少数重大项目预计将于2017年底上线，但项目的建设力度依然疲软。这主要归因于近年来资本支出的急剧下降以及缺乏新发现的重大矿藏。

2. 白银供不应求的状态料将持续

由于地缘政治担忧加剧，2017年第一季度，白银价格从16美元/盎司的底部上涨，一度达到超过18美元/盎司的峰值。

由于地缘政治危机仍在持续，包括脱欧谈判，特朗普政府内政及外交政策也可能带来意外的负面影响，朝核危机等将会继续激发避险需求。CPM Group在其《2017年白银年报》中称，当前政治风险很高，这样的预期已经驱使投资者涌入避险资产，白银价格2017年将上涨。

另外，美联储加息的节奏可能保持温和；通胀或将与市场预期一致，大幅上升。这种形势将总体上有利于贵金属，特别是像白银这样的工业金属。

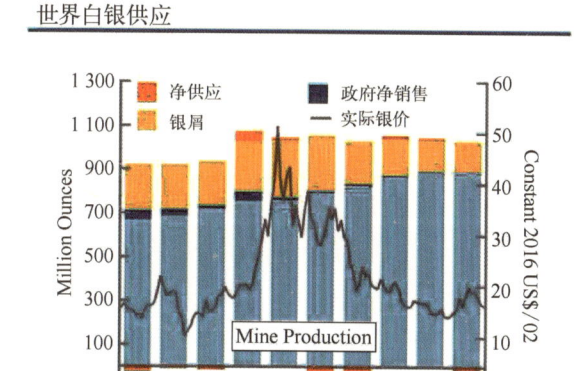

图5 世界黄金和白银供需

白银实物市场已连续4年供不应求，2017预计依旧是如此。供应方面，CPM Group表示，2017年银矿产量预计将攀升至8.091亿盎司的历史高位，较2016年增长0.3%，且为连续第六年增长。

需求方面，同在此前连续四年增长后，2017年白银的制造业需求可能下降1.3%至8.896亿盎司。CPM Group解释了2017年白银制造业需求下降的原因，主要是预计白银在太阳能板的需求将较2016年下滑20%至6 870万盎司，为五年来的首次下降，主要原因是美国和中国需求放缓。

另外，该机构还指出，2016年投资者购买了约1.089亿盎司的白银，为2008年来最小规模，但预计2017年这个数字可能上升至1.214亿盎司。

（二）"黑天鹅"起舞，全球地缘政治风险大爆发

1. "特朗普时代"到来

特朗普2017年1月20日宣誓就职美国总统，在就职不到24小时内，特朗普签署第一道行政命令，"第一把火"怒烧奥巴马医保方案，要求废除及取代奥巴马医保方案部分条款。

2017年3月23日，众议院对替换奥巴马医保的议案进行程序性投票，但众议院发言人瑞恩（Paul Ryan）推迟投票时间，因没有足够票数通过新医保法案。

美联社将医保法案的投票推迟称为众议院议长瑞恩和美国总统特朗普在其首个重大立法考验中遭遇的一个"惨败"。投票推迟的消息也令美元承压，而黄金则获得一定反弹动能。有"恐慌指标"之称的芝加哥期权交易所波动指数（CBOE Volatility Index，也被称为VIX）当日收盘达到13.07，创下2016年12月30日以来的最高水平。

特朗普向众议院共和党人下发了"最后通牒"：必须在2017年3月24日通过医保方案，失败则放弃。

而在最后一刻，特朗普政府宣布取消特朗普医保议案投票，因缺少获得通过的足够票数，这是总统特朗普遭遇的一次重大挫折。

直至2017年5月4日，美国国会众议院以微弱优势批准推翻奥巴马医保方法主要部分，并代之以共和党医保计划，这是总统特朗普取得的首个重大立法胜利。

紧接着，2017年7月18日特朗普医保议案正式在参议院

进行投票,但因有三位共和党参议员反戈倒向民主党一边投下了反对票,最后以49票赞同、51票反对的投票结果否决了特朗普医改议案。

美元惨遭暴击,加上近期的经济数据打压了美联储升息的预期,现货黄金攻破1 240美元/盎司。

医保方案被视为特朗普推行刺激政策的"试金石",如今医保方案的流产也加大了外界对通过其他方案,如税改等的担忧。

2."通俄门"一度愈演愈烈

从特朗普开始竞选美国总统至今,有关其团队"通俄"的指控就一直不绝于耳。

2017年3月20日,美国联邦调查局(FBI)局长科米(James Comey)举行公开听证会,其中一项声明让整个美国政经界保持高度警惕。科米表示,FBI目前正在调查特朗普与俄罗斯方面的关系。

通俄门的调查正进行期间,特朗普2017年5月10日意外开除科米,引发民主党和部分共和党人的批评,因担忧特朗普试图阻止FBI对其在竞选中与俄罗斯关系的调查。该消息震惊整个华盛顿,美元遭受痛击,黄金止跌企稳。

紧接着,特朗普"通俄门"事件愈演愈烈。2017年5月16日,两位美国官员表示美国总统特朗普向俄罗斯大使泄露了高度机密的信息,包括"伊斯兰国"的行动计划。同时,科米的友人表示,特朗普要求时任美国FBI局长的科米,结束针对前国家安全顾问弗林(Mike Flynn)与俄罗斯之间关系的调查。

在一系列事态发展导致外界对俄罗斯疑似干涉美国总统大选、可能与特朗普团队勾结的质疑升温之际,美国司法部副部长罗森斯坦(Rod Rosenstein)做出了对特别检察官穆勒的任命。2017年5月17日,现货黄金则连续第五个交易日上涨,盘中一度大涨2%,为2016年6月以来的最大单日升幅,最高触及1 261.55美元/盎司。

2017年5月18日,事态突然逆转。前FBI局长科米2017年5月3日作证的视频流出,其中科米暗示总统没有要求他停止对弗林的调查。美元回暖,金价高位回撤但不确定性犹存。

2017年5月20日"通俄门"再生波澜,《华盛顿邮报》称,对俄罗斯干预美国大选的调查已牵扯到某位白宫官员。消息一出,美元和美股短线下滑,避险资产黄金和日元等上涨。

在市场不断消化近期华府政治风波之际,2017年7月11日特朗普长子小唐纳德·特朗普公布了一系列电邮,电邮透露了他在美国总统大选期间接触俄罗斯人士的细节,令特朗普的"通俄门"又现危机,引发了市场避险情绪,美元和美股下挫,而黄金等避险资产重获提振。

随后,美国参议院情报委员会称计划要求小特朗普出来作证词,并称要求其提供相关文件。

特朗普长子上演"坑爹"戏剧后，又一则报道掀起市场巨澜。2017年7月20日，据彭博社报道，穆勒将调查特朗普及其家族的商业交易，并将扩大调查范围至其女婿库什纳和特朗普前竞选经理Manafort的交易。这一消息传出之后，美元与美股急跌，现货黄金则受巨量买单推动短线急剧拉升，一度突破1 245美元/盎司。

直至目前，关于特朗普的竞选团队是否涉入俄罗斯干预2016年美国大选的调查仍在不断发展中，从美国特别检察官穆勒使用联邦大陪审团来帮助收集信息到FBI搜查特朗普前竞选经理住宅，特朗普竞选团队与俄罗斯之间可能存在关联的调查正在升级，若之后实质性证据被爆出，证实俄罗斯涉嫌介入美国大选，且与特朗普竞选团队存在勾结，那么黄金将再次成为避险天堂。

3. 欧洲政治忧虑丛生

2017年欧洲多国将举行大选，这无疑是金融市场面临的重大风险之一。荷兰在2017年3月15日打响大选"第一枪"，最终，现任首相马克·吕特领导的荷兰中右翼政党自由民主人民党击败荷兰右翼政党自由党，令荷兰大选没有像英国脱欧和美国大选一样飞出"黑天鹅"，同时也对遏制在欧洲蔓延的民粹主义浪潮具有重要意义。

而在随后2017年5月7日的法国大选中，马克龙最终击败极右翼候选人勒庞赢得总统大选，之前外界曾担忧支持法国脱欧的勒庞胜选，造成欧洲政坛的"大地震"，而金价在法国大选前的谨慎不安情绪中获得提振走强。

另外，在2017年6月8日的英国大选中，英国首相特雷莎·梅所在的保守党未能赢得多数席位，导致英国出现"悬浮议会"，这意味着特雷莎·梅将不得不组建联合政府，或尝

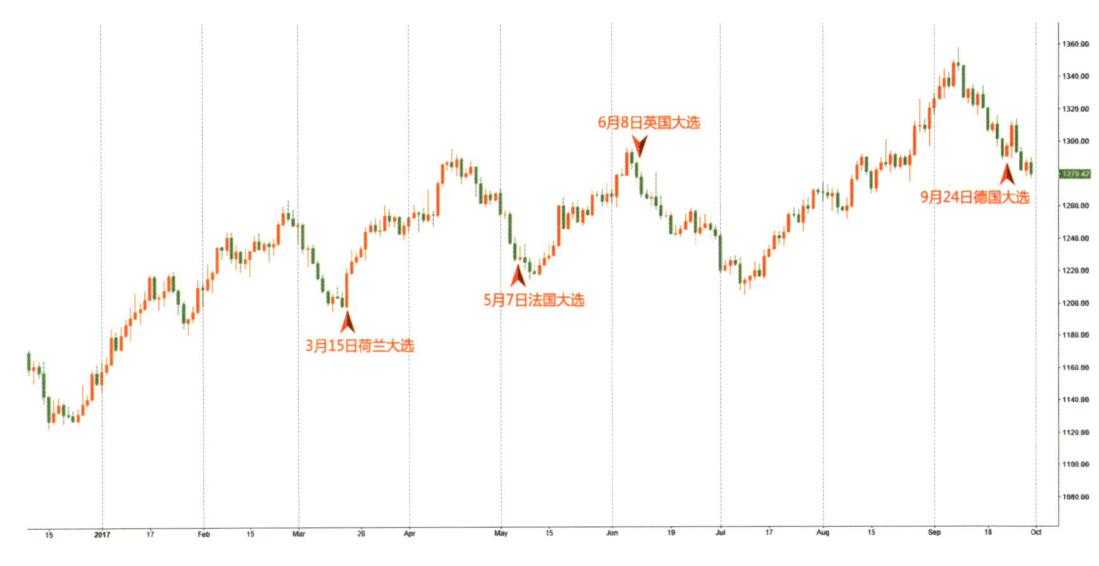

图6　金价走势与欧洲各国大选

试在其他较小政党支持下执政，令脱欧谈判之路更为艰难。不过，金价在英国大选出现意外结果后并未像2016年英国脱欧一样地飙升，反而逐步回落。

接下来，欧洲政坛即将面临的"火药桶"似乎是2017年9月24日的德国大选。德国虽然党派众多，但历届联邦议会党派结构变化不大，主要党派得票率较为稳定。默克尔领导的德国基督教民主联盟和其姊妹党巴伐利亚基督教社会联盟（简称基民盟/基社盟，或CDU/CSU），以及前总理施罗德所在的德国社会民主党（SPD）为议会的两个主要党派，得票率常年在30%～50%之间。

作为欧洲大选年的收官战役，当前民调显示，默克尔正试图赢得历史性的第四任总理，而这或许将是一场轻而易举的胜利。虽然市场清楚知道谁会赢得大选，但联合政府组建却还是充满变数。黄金在遭遇了2017年9月的美联储决议痛击并失守1 300美元之后，德国大选恐怕很有可能给黄金再施压。这也就是说，尽管法国大选顺利通关，但意大利和德国大选恐成为2017年秋季的"定时炸弹"。

（三）主要央行货币政策迎来拐点

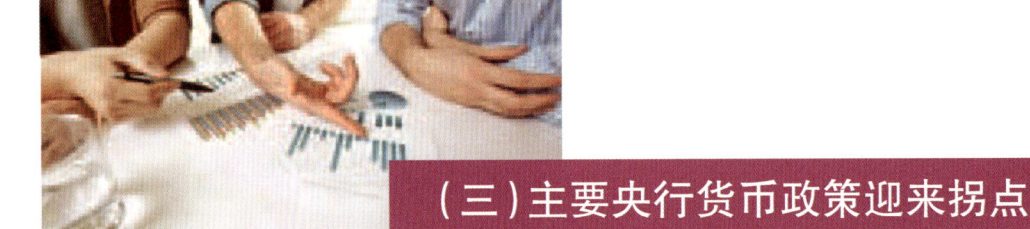

2017年全球各主要央行的货币政策方向迎来了重要改变，美联储与其他主要央行的政策分歧正在变小，更多的央行也开始了由鸽至鹰的转变进程。

自美联储推进货币政策正常化以来，曾经一度与其他主要央行的宽松政策形成鲜明反差。尤其是2017年上半年美联储更是加快了加息步伐，半年内的2次加息让市场不再对美联储冠以"用嘴加息"的刻板印象。

更引发市场关注的是，美联储如预期那样，在2017年9月的货币政策会议上宣布，将于2017年10月开始缩减约4.2万亿美元的公债和抵押贷款支持证券（MBS）投资组合，最初将每月到期证券再投资规模最多减少100亿美元。随着美联储迎来缩表里程碑，据CME"美联储观察"，美联储2017年12月加息25个基点至1.25%～1.5%区间的概率为70.5%，决议公布之前为50.9%。

1. 低通胀仍是忧虑焦点，但美联储坚守立场，12月加息有望

2017年美联储的17名委员中10人拥有投票权，分别是美联储主席耶伦，美联储副主席费希尔，美联储理事布雷纳德、鲍威尔、塔鲁洛，纽约联储主席杜德利，达拉斯联储主席卡普兰，芝加哥联储主席埃文斯，费城联储主席哈克和明尼阿波利斯联储主席卡什卡利。

在10位投票委员中，共有6位官员偏鸽派，2位偏鹰派。

较2016年偏鸽派的委员多出一位,偏鹰派的则少了一位。其中拥有永久投票权的5位理事中,有三位偏向鸽派,两位中立,无一持鹰派立场。关键人物耶伦偏向鸽派,费希尔持中间立场,而杜德利也偏向鸽派。

表1 2017年FOMC票委对升息态度一览

成 员	派 别	对升息的最新态度
耶 伦	鸽 派	在通胀回到2%前,保持货币政策不变是不谨慎的
费希尔	中 立	近期言论更多强调政府需防止危机再次发生
鲍威尔	鹰 派	若经济保持在正轨应当渐进加息,今年晚些时候开始缩表
塔鲁洛	鸽 派	疲弱通胀可能会影响美联储关于是否再次加息的讨论
布雷纳德	鸽 派	乐见不久后推进缩表计划,但对继续加息持谨慎态度
杜德利	鹰 派	通胀最终将升向2%目标,支持今年再升息一次
卡普兰	鸽 派	通胀较低同时劳动力市场仍显松弛,建议在加息上保持耐心
埃文斯	鸽 派	支持宣布缩减资产负债表,但对通胀未达标有些担忧
哈 克	中 立	如果开始看到通胀偏离目标,将重新考虑加息预期
卡什卡利	鸽 派	认为在加息前,应利用时间来等待看到通胀压力浮现

根据最新的美联储2017年9月会议纪要显示,美联储继续预测2017年会再次加息并且2018年将加息3次,交易员们认为美联储货币政策声明的总体基调比预期更偏鹰派。此外,美联储还就缩表给出确切的时间。

美国联邦公开市场委员会(FOMC)会后发布的最新经济预估显示,16名委员中有11名预计,到2017年底,联邦基金利率在1.25%～1.50%区间是"合适的"水平,这较目前区间将上升25个基点。

根据美联储公布的点阵图,只有4名FOMC委员2017年不想再加息。鉴于2017年6月会议以来通胀数据疲软,投资者本来可能认为会有其他人加入今年不再加息的阵营。从这一点来看,美联储似乎有点鹰派。

美联储主席耶伦在2017年9月会议的新闻发布会上称,美联储重启QE购债的门槛会更高,可能只会在经济遭遇重大冲击、经济前景"实质性恶化"后才会重启。在通胀回升的情况下,美联储更倾向于使用加息这一工具。

不过,耶伦也承认美联储正对通胀产生怀疑,暂时性因素不再能解释为什么通胀没有实现。她认识到,由于结构性变化,目前正处在一个低通胀的时代,这是一个越来越普遍的理论。美联储对此并不相信,但怀疑的种子已经种下。

根据2017年8月11日的报告显示,美国7月CPI月率上涨0.1%,预期上涨0.2%;年率上涨1.7%，预期上涨1.8%。而美国7月核心CPI月率上涨0.1%，预期上涨0.2%；年率上涨1.7%，符合预期。数据意外不及预期或令美联储谨慎考虑下次加息。

纽约联储主席杜德利2017年8月10日表示，他对美国经济、就业和通胀前景感到乐观，并表示更好的经济形势将有助于支持弱势群体，不过他也承认通胀在一段时间内都无法达标。

彭博社的大宗商品策略师Mike McGlone在报告中表示，如果通胀依旧低迷，美联储或将撤回大幅加息，这对黄金来说是一个利好。自美联储在2015年开始收紧政策以来，加息给黄金带来了压力，但由于通胀滞后，美联储可能会推迟其计划。

2008年金融危机以后，美联储不仅将联邦基金利率降至接近零水平，同时还通过三轮量化宽松货币政策购买大量美国国债和机构抵押贷款支持证券。这一举措令美国资产负债表从危机前的不到1万亿美元迅速膨胀至4.5万亿美元，占GDP比重也从约6%急升至24%。

美联储从2014年就开始停止购买债券，但因进行到期债券的再投资，资产负债表规模并没有显著减小。2016年5月24日，美联储进行了小规模的国债公开销售，并于2016年5月25日和6月1日小规模地出售住房抵押贷款支持证券（MBS），引发市场对美联储资产负债表"瘦身"运动即将开始的遐想。

根据2017年公布的方案显示，美联储将缩表的起步上限定为每个月100亿美元，其中美国国债为60亿美元、住房抵押贷款支持证券40亿美元，最终上限为每月500亿美元。缩表规模每3个月递增1次，每次递增100亿美元。

美联储主席耶伦2017年7月在国会作证时表示，美联储应"较快"执行"缩表"计划。她强调，美联储已为"缩表"准备很长时间，具体执行时间节点并不重要。她认为此举不会对市场产生明显冲击。通过市场反馈来看，目前尚未展现出重大担忧。

2. 各主要央行的态度转变

虽然欧洲央行和日本央行暂时尚未摆脱负利率政策，且各自情况不一，因此政策分歧仍无法避免，但进入下半年以来，市场人士强烈地感受到了各主要央行对摆脱宽松政策的意愿正在不断升温。

欧洲央行2017年7月的政策会议纪要措辞意外出现鹰派的改变，这被视作行长德拉基有意暗示将结束量化宽松政策的前兆。虽然欧洲央行在2017年9月的政策会议上因担忧欧元走强而决定维持货币政策不变，但消息人士透露，央行决策者在9月会议时已大体上达成一致，下一步行动就是削减购债，其中包括但不限于将每月的资产购买规模削减至400亿欧元或200亿欧元，而延长政策期限的选项包括延长六个月或九个月。

与此同时，加拿大和英国央行也发出了强烈的加息信号。其中，加拿大央行在2017

年7月12日实施了近七年来的首次加息,同时根据外媒对初级市场交易商的最新调查显示,随着该央行遵循逐步收紧政策的路径,2017年10月会议料再度升息,且2018年可能还将加息两次。可谓吹响了非美主要央行的紧缩号角。

英国央行在2017年9月的货币政策会议上指出,如果经济增长和物价压力继续上升,未来几个月可能升息。这是迄今对英国接近于10年来首次升息的最明确信号。目前大部分经济学家预测,英国央行在2017年11月2日的下一轮货币政策会议结束期,会将现有利率0.25%提升至0.5%。

另一方面,日本央行在9月的货币政策会议上维持货币刺激政策不变,并保持对经济的乐观看法,暗示该行相信无需额外刺激,经济稳步复苏将会带动通货膨胀升向2%的目标。但值得注意的是,一位首次参加货币政策会议的新任委员反对该决定,这是显示政策委员会存在不同意见的一个意外迹象。

日本央行2016年修改了政策框架,将政策目标从印钞速度改为控制收益率曲线。该央行目前引导短期利率处在负0.1%,10年期公债收益率在零附近。

同时,日本央行还维持以每年80万亿日元的速度增持债券的承诺不变。央行观察人士愈发预计,尽管央行的资产负债表接近日本经济的规模,但日本央行将维持当前政策,至少持续到行长黑田东彦2018年4月份任期结束。

（四）避险需求升温，黄金投资情绪持续好转

1. 黄金ETF持仓继续增加，CFTC多头强劲

继2016年英国脱欧使黄金ETF大爆发后，2017年似乎出现了一些疲态。法国大选极右派候选人勒庞未能创造奇迹，马克龙登上总统宝座，让担心英国脱欧引发溢出效应的欧盟长舒一口气。

不过，鉴于欧洲政治环境的持续不确定性，黄金ETF在该地区获得了极大欢迎。在黄金ETF持仓变化中，第一季度德国和英国在ETF流入方面领先，优势明显。

根据世界黄金协会（WGC）数据，与2016年同期创纪录的速度相比，2017年二季度黄金ETF流入大幅放缓。不过，总持有量依然维持增长态势。2017年第二季度增持56吨，使

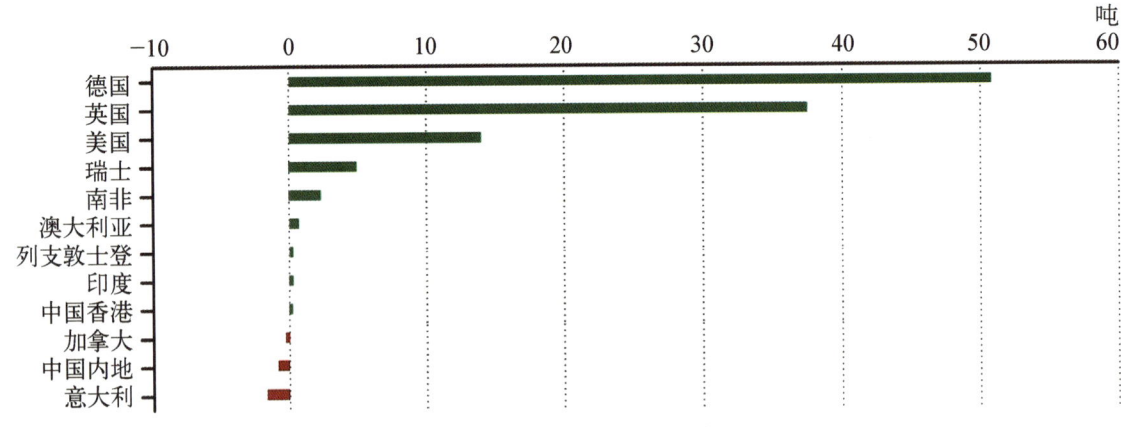

数据来源：各ETF提供商、彭博社、洲际交易所基准管理机构、世界黄金协会。

图7 2017年第一季度各国（地区）黄金ETF增持图

得上半年总流入量达到167.9吨。其中,欧洲ETF的增持表现最为强劲,其黄金ETF总持有量达到978吨。

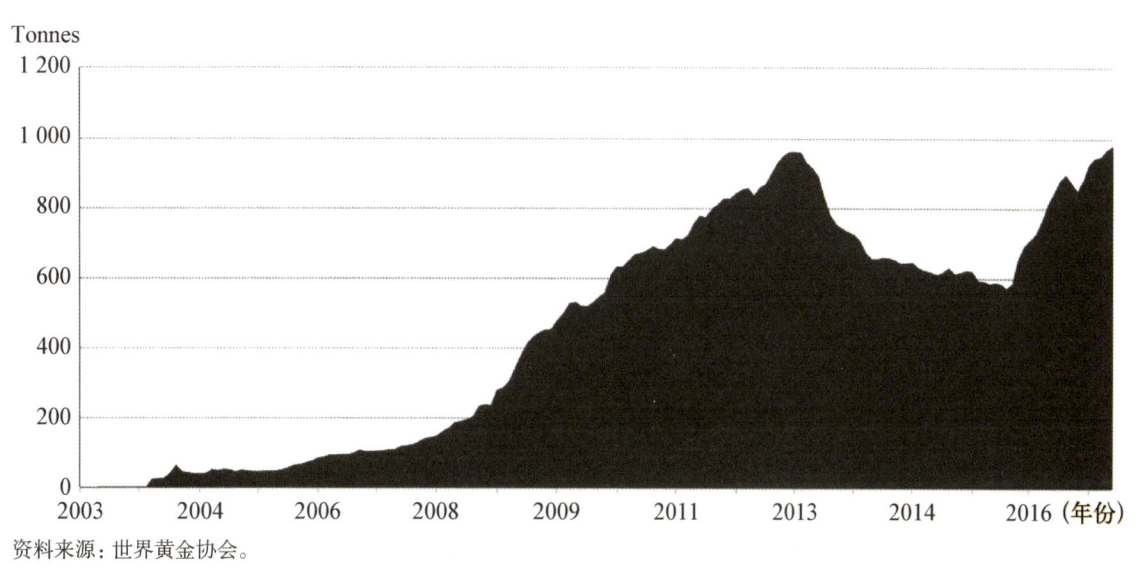

图8 欧洲黄金ETF第二季持仓创下历史高位

资料来源:世界黄金协会。

不过,进入2017年下半年后,2016年的反转似乎又有重现的迹象。在2017年7月份,投资者从世界最大黄金ETF SPDR Gold Trust中撤出资金24亿美元,这是自2013年5月以来最大单月资金外流,当时黄金仍在熊市中挣扎。

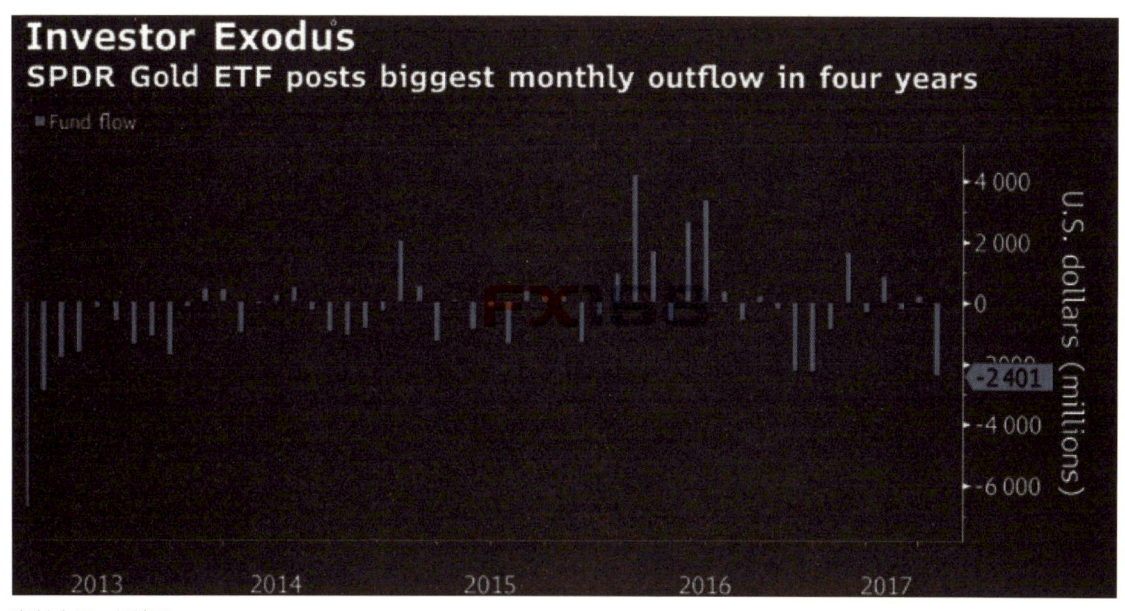

图9 全球最大黄金ETF遭大幅减持

资料来源:彭博社。

目前，黄金ETF资金流入情况尚未对美朝紧张局势升温做出任何重大反应。截至2017年8月11日当周，SPDR Gold Trust总黄金持仓量小升至2 569.78万盎司，仅较2017年8月7日所触及的2016年3月初以来低位2 529.86万盎司增加1.5%。

事实上，相比黄金ETF的表现，投机客显然更加看好黄金后市。根据美国商品期货交易委员会（CFTC）的数据，截至2017年8月15日的一周，对冲基金以及其他大型投机者持有的COMEX黄金期货净多头头寸飙升30%至179 537手。在经过连续5周的增加后，目前净多头持仓已经较5周前翻了6倍。这也是2016年10月以来的最高水平。

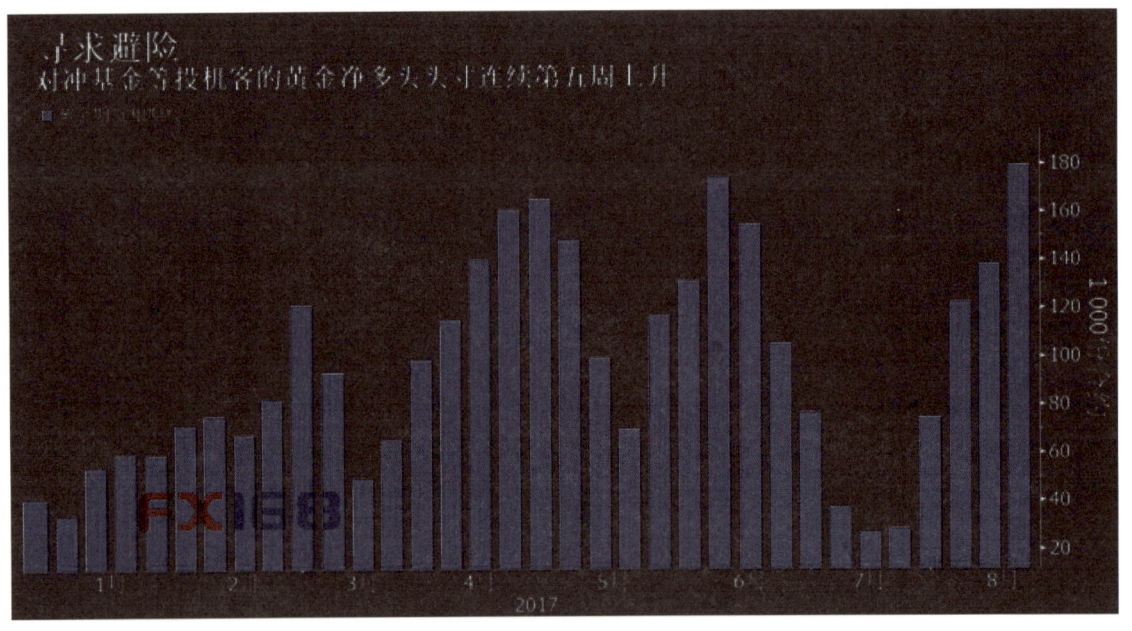

资料来源：彭博社。

图10 黄金投机净多头年内激增

总体来看，2017年黄金ETF流入出现显著放缓，与CFTC投机净多头的强劲增长形成了比较鲜明的对比，这意味着市场对于黄金走势的看法出现了一定分歧。黄金2017年围绕1 300美元/盎司价格附近展开了猛烈的攻防战，迟迟不能突破区间让押注方向变得异常困难，而地缘政治风险带来的利好和全球央行集体偏向紧缩的利空可能是困扰投资者的主要矛盾。

2. 全球股市连刷新高引发忧虑

尽管2017年美联储利率正常化速度明显加快，但企业上半年的财报表现抢眼，绝大多数企业收益强于预期，造成美国股市在紧缩的背景下反而愈挫愈勇。

美国股市方面，道·琼斯指数2017年初就击破20 000大关，并在8月史无前例地站上22 000大关；标普500指数从1月到8月底上涨逾9%；纳斯达克指数屡屡刷新历史高位。

欧洲方面,由于2017年马克龙在法国大选中胜选,令欧洲投资者欣喜若狂,2017年4月24日欧洲STOXX 600指数收高2.1%,法股CAC 40指数劲升4.1%,创2012年8月来最大单日升幅,触及2008年1月来最高。德股DAX指数大涨3.4%创新高,英股富时100指数上扬2.1%。

亚洲方面不遑多让,上证指数在3 000点上方不断盘整后突破了3 300点,恒生指数更是在全球主要股指中一骑绝尘,截至2017年8月底累计上涨达到惊人的22.6%。

尽管如此,越来越多的专家指出股市中存在过分乐观的现象,更有甚者指出目前美国股市泡沫严重,与历史上濒临崩溃前的现象如出一辙。

根据知名基金经理John Hussman,基于平均估值,历史上股票更加昂贵的情况只出现过一次。那就是在2000年3月24日当周,正好是在科技股泡沫峰值时期。

德意志银行(Deutsche Bank)经济学家Mikihiro Matsuoka于2017年7月表示,发达国家的股市开始显示出过热迹象。他表示央行的紧缩迹象会降低风险资产的估值,挤压股市泡沫。

另外,还需要指出的是,芝加哥选择权交易所波动率指数,又称恐慌指数,2017年始终徘徊于低位,让人怀疑市场的乐观情绪是否过剩。

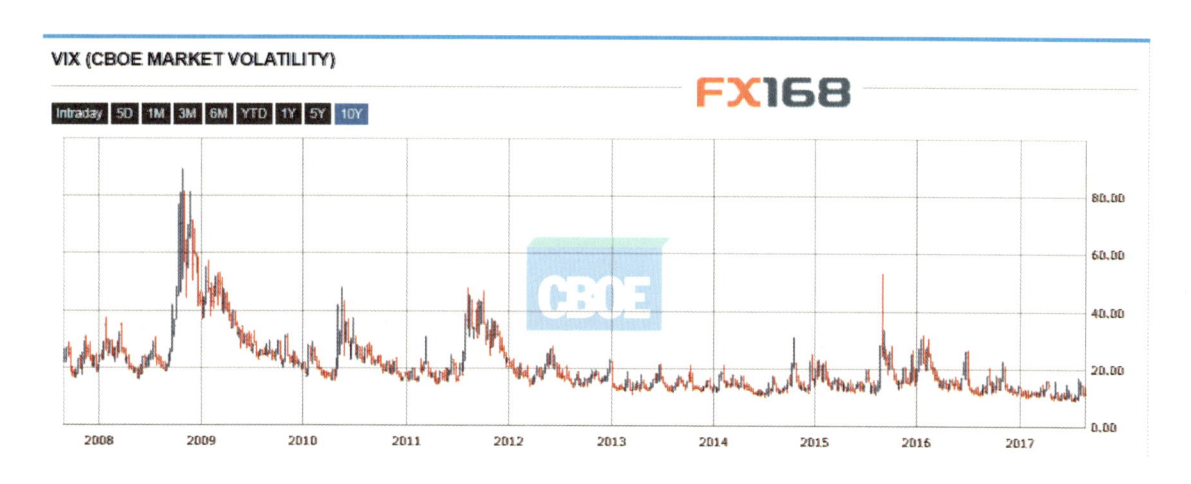

资料来源:芝加哥选择权交易所。

图11 恐慌指数处于多年低位

3. 金价前景展望

有"新债券大王"之称的Jeffrey Gundlach表示,金价目前正构筑最看涨形态之一的杯柄形态(Cup and Handle)。

Gundlach预计,金价后市目标指向1 460美元/盎司,较当前水平上涨约14%。

世界最大对冲基金桥水掌门人、知名对冲基金经理Ray Dalio日前建议投资者考虑将5%～10%的资产配置给黄金,以对冲当前的政治和经济风险。Dalio称,如果局势恶化,

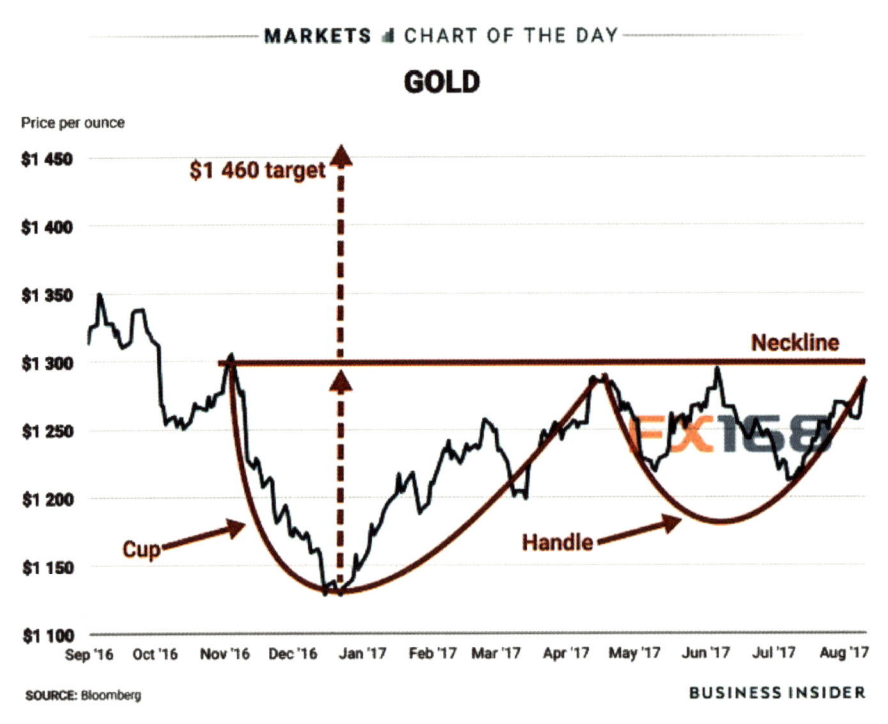

图12　Gundlach称金价目标指向1 460美元

看起来黄金将会受益（超过美元、日元、美国国债等其他避险资产）。

除了在技术面出现看多信号外，黄金还处在一个相对低估的区间中，使其更具投资价值。

表2　部分机构对黄金价格预测　　　　　　　　　　　　　　　　　　单位：美元/盎司

机　　构	2017年第三季度	2017年第四季度	2017年平均	2018年平均
荷兰银行	1 300	1 300	1 262	1 375
澳新银行	1 275	1 300	1 252	1 338
蒙特利尔银行	1 250	1 250	1 244	1 250
美国银行	1 275	1 350	1 276	1 400
CPM Group	1 248	1 273	1 250	1 309
Capital Economics	1 206	1 175	1 213	1 125
德国商业银行	1 250	1 300	1 250	1 375
德意志银行	1 270	1 250	1 250	1 240
经济学人智库	1 270	1 260	1 252	1 300
黄金矿业服务公司	1 250	1 310	1 260	1 375

(续表)

机　　构	2017年第三季度	2017年第四季度	2017年平均	2018年平均
荷兰国际集团	1 300	1 400	1 295	1 500
联合圣保罗银行	1 280	1 290	1 262	1 265
摩根大通	1 250	1 230	1 239	1 295
宝盛银行	1 200	1 200	1 220	1 200
金拓金属	1 210	1 240	1 280	1 350
Metals Focus	1 270	1 330	1 270	1 405
三　菱	1 230	1 260	1 242	1 300
法国外贸银行	1 165	1 130	1 185	1 130
牛津经济学	1 260	1 265	1 251	1 270
加拿大皇家银行	1 268	1 265	1 253	1 303
法国兴业银行	1 225	1 220	1 225	1 150
渣打银行	1 260	1 300	1 262	1 285
道明资产管理	1 275	1 275	1 257	1 313

第6部分

原油市场走势分析：多方基本面支持，中期看好

2017年1—9月的原油市场基本面错综复杂，中东地区地缘政治的影响、美国原油去库存、亚洲国家增加原油储备等事件均对油价产生了不同程度的影响。2017年1月初，美国原油一度触及55.24美元/桶的2015年7月以来高位，但随后逐步震荡下行，并在6月下旬触及42美元/桶，之后再度反弹至50美元/桶上方。目前美国原油处于42.00～55.80美元/桶的宽幅震荡区间中，价格仍在反弹修正整理之中，谈及反转重回牛市为时尚早。

尽管油价经历了一年的盘整震荡且仍未突破，但是对于油价不用过分悲观。在接下来的2018年，美国原油仍有希望站上62.50美元/桶，甚至更高的位置。

接下来我们共同回顾及展望原油市场。

原油市场走势分析

1. 原油基本面分析

减产协议

石油输出国组织（以下简称"OPEC"）2016年底达成了8年以来的首次减产协议。据OPEC公布的协议显示，自2017年1月起，该组织将减产120万桶/日或4.5%，即将生产上限降至3 250万桶/日，减产将持续6个月，如有必要，将再延长6个月。

其中，OPEC最大产油国沙特将减产最多，达48.6万桶/日。伊朗、尼日利亚和利比亚不参加此次减产，由于前者此前刚结束经济制裁，正致力于恢复市场份额，该国只需将产量冻结在目前的水平；后两者的生产由于国内冲突一度中断，故不参加此次减产。此外，俄罗斯15年来首次参与减产。

在2017年5月25日的维也纳会议上，OPEC和以俄罗斯为首的非OPEC产油国再次达成一致，将现有的减产协议延长至2018年3月底，减产规模维持不变，共延长9个月，希望解决原油市场的供应过剩的问题。

截止到2017年9月减产协议已经实行了9个月的时间，无论OPEC成员国还是非OPEC成员国的减产执行率均处于较好的水平。但是各减产国之间仍存有一些小心思。根据图1可发现作为OPEC成员国"老大"的沙特阿拉伯在2017年的2月、4月、6月都出现了一定程度产量增加。沙特阿拉伯并没有以身作则地严格执行减产协议。而类似于沙特阿拉伯

(单位：千桶/日)

数据来源：Tradingeconomics。

图1　沙特阿拉伯原油产量

的情况绝非是个案，各OPEC成员国内均有出现。

俄罗斯作为减产协议国内非OPEC成员国的领军国家，2017年年初在减产上始终没有全面实施。当然，随着时间的推移，俄罗斯也逐步地扩大了减产规模，最终在减产力度上还是值得肯定的（见图2）。

(单位：千桶/日)

数据来源：Tradingeconomics。

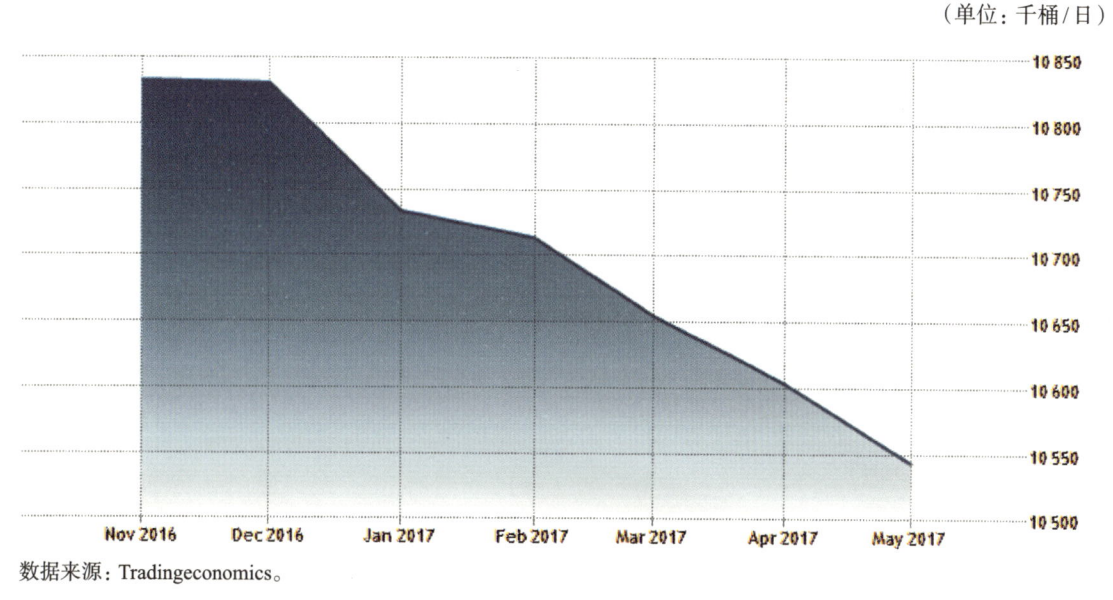

图2　俄罗斯原油产量

虽然减产协议中OPEC成员国和非OPEC成员国之间各怀鬼胎、暗使手段，是阻挠减产协议给原油市场所带来的利多影响发挥作用的主要原因，但实际上减产协议短期很难形成立竿见影的效果。

透过现象看本质,OPEC月报据二手资料显示,需要实施减产的11个OPEC成员国截止到2017年7月的执行率均能够维持在80%上下。在预设目标几近完成的背景之下,中长期来看无论减产国内部出现怎样的纠葛,减产数量确确实实地减少,对于原油就是一种明确的中长期利多。2017年9月5日再次有报道称,俄罗斯与沙特阿拉伯正在考虑延长OPEC和非OPEC产油国此前达成的减产协议。若能够顺利进一步延长减产协议,相信在2018年整年度减产协议对于原油市场的利好影响将再次加强。

中东地缘政治

2017年6月5日,卡塔尔被"九国"断交事件一度引发了卡塔尔国内的恐慌。因沙特阿拉伯是卡塔尔的唯一陆路进出口,自断交事件发生之后,沙特阿拉伯关闭卡塔尔唯一的陆路边境,引发拥有270万人口的卡塔尔物价大涨与食物短缺的疑虑,部分超市人潮大排长龙,库存已开始出现短缺。如果使用空运或海运来运输生活品,成本无疑将大大提高。为此伊朗和土耳其准备伸出援手,确保对卡塔尔的食物供应。

卡塔尔断交的事件主要成因在于卡塔尔对于伊朗的支持。现在伊朗投桃报李地帮助卡塔尔,这将在中东地区开启伊斯兰国家什叶派和逊尼派之间势力的重新组合。在2017年4月至5月还发生了沙特阿拉伯废黜王储、叙利亚连番遭受空袭、ISIS"伊斯兰国"的最高领导人据传在一次空袭中身亡等事件。这一系列的事件只是开始而非结局,在2018年美俄两国在中东地区势力的重新划分、特朗普政府将改换对华政策加强在中亚地区阻击中国"一带一路"规划的布局,均将加剧中东地区的地缘政治情况。

美国原油增产量、去库存

美国在产油国执行减产协议期间大幅增加原油产量以及减少原油库存,这也是减产协议履行之后,原油市场并不买账的另一大原因。

在美国原油产量一图中,我们可以看出,进入2017年后,除了3月、4月是美国炼油厂设备检修期间,可归属为季节性因素影响了原油产量外,别的月份均出现了显著原油增产。而在库存方面,进入至2017年后,在年初囤积了大量的原油库存,对于原油运营商来说无疑增加了巨大的库存及成本压力。进入4月之后开始了大规模的去库存行动,同时伴随着美国原油出口的增加,在一定程度上抢占了原本属于减产国的原油市场。

尽管预计美国原油"增产量、去库存"的情况将在中期持续,但难以长久持续。在2018年等待美国原油库存回归常态后,所谓的"增产量、去库存"将难以延续。

2017年8月25日,飓风"哈维"登陆美国德州,截至2017年9月1日,也就是"哈维"登陆的第八天,这场风灾已造成44人死亡、10万户住宅损毁、3.2万人被迫进入避难所、

（单位：千桶/日）

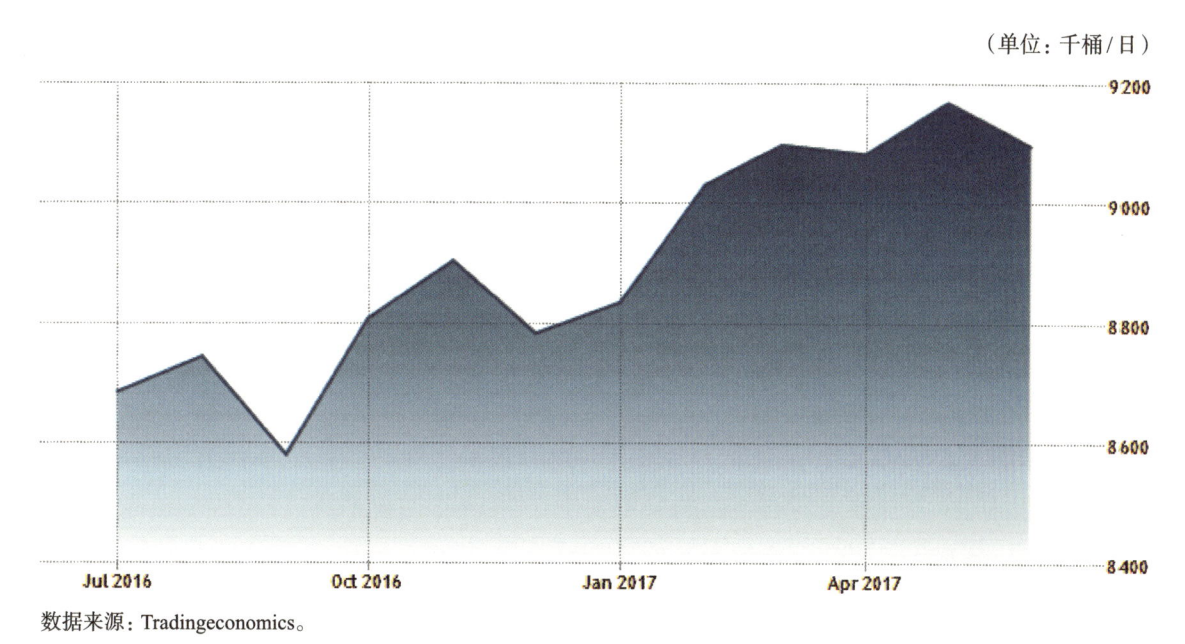

数据来源：Tradingeconomics。

图3　美国原油产量

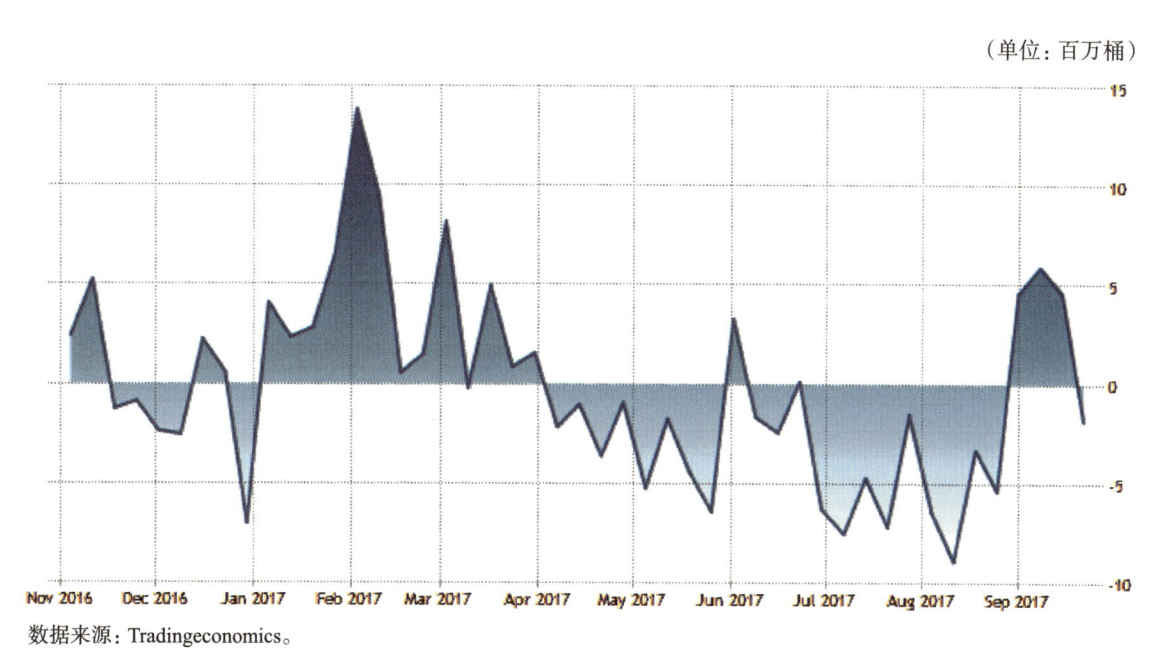

（单位：百万桶）

数据来源：Tradingeconomics。

图4　美国原油库存变化

130万人受灾。"哈维"飓风肆虐的得克萨斯州是美国的主要能源基地，这一次的飓风将导致大量的炼油厂设备停止生产甚至设备损坏。在短期内对于原油价格将形成利多效应。

页岩油方面，得益于水平钻井和水力压裂技术的进步，美国以致密油为主的页岩类轻质原油产量大幅增加，近年来美国掀起勘探页岩油气资源的热潮，推动美国原油产量增长。目前美国致密油的产量已占到原油产量的一半以上，在接下来的2018年中随着技术水平的不断进步，占比可能不断上升。美国原油开采和提炼技术的不断升级可能将成为抑制价格上涨的原因。

截至2017年4月，美国四大页岩油田（二叠纪、鹰滩、巴肯和尼奥布拉拉）的总产量为480万桶/日。然而，鉴于页岩油老井的产量逐年下滑，页岩油衰减率太高，没有新增资本开支，仅仅是自然衰减都会带来产量的大幅下滑。

目前页岩油企业所披露的成本平均只有34美元/桶，但是在油价处于50美元/桶的时候，页岩油企业仍然处于亏损之中。主要的原因在于企业的生产成本没有包括油田收购的前期投入，而大多数页岩油田的购买都发生在2014年油价暴跌以前，成本极高，而随着油价暴跌，企业亏损幅度自然加大。油价若仍处于50美元/桶下方，页岩油企业的增产将难以为继。同时考虑到页岩油田的开采周期为4～5年，2014年开采的页岩油田将在2018—2019年出现衰竭状态。

亚洲国家增加原油进口

根据中国海关2017年2月的数据显示，中国已经超越美国成为全球原油进口第一大国。同时，虽然2017年产油国在一定程度上减少了原油产量，但其中的部分国家，包括沙特阿拉伯、俄罗斯、伊朗、伊拉克等国均没有减少对中国的原油供应，而身为亚洲第二大原油进口国印度的情况也差不多。在接下来的2018年中这样的情况将进一步持续。

供需关系方面，供给侧有了减产协议和地缘政治的抑制，同时美国原油"增产量、去库存"的现状难以长期持续，而亚洲各国增加原油储备将提振需求侧。基本面的影响目前难以在短期内拉动油价，但是在2017—2018年底来看，油价的回升将是必然趋势。

围绕着新能源发展这一方面，目前对于原油市场的影响较小，伴随着科技的不断进步，相信在未来将在能源方面撼动原油的地位，但是在时间跨度上，中短期难以产生重大影响，至少需要5～10年乃至更长时间。

2. 原油技术面分析及后市展望

在技术面上，前期美原油周线级别上形成多头上攻态势，底部形成头肩底形态，但是很可惜在上攻颈线位置时受到了强劲抛压。虽然价格出现回落，但是并未跌破头肩底右肩42.00美元位置的支撑，整体来看底部支撑仍然完好，价格出现反转可能性仍然非常大。

目前原油价格处于42.00～55.80美元/桶之间的宽幅震荡区间，且已经站上了周线级别上MA150（48.45美元）位置的压制位，短线上方进一步关注50.80美元位置的左

图5 美原油周线级别走势图

侧结构位置，突破此位置上方关注55.80美元位置的震荡区间高点。中期目标上方关注MA200（60.80美元）与左侧快速回落后的第一次反弹高点62.50美元的结构位置的压制。若能突破62.50美元位置，则上方的空间将被完全打开。

FX168财经学院金融分析师　金腾骏

2017年9月

第 7 部分

专题研究

中国大宗商品市场发展与金融稳定

　　大宗商品市场无论对国际贸易发展还是中国金融稳定都起着至关重要的作用。它是连接一国商品与世界贸易之间的桥梁，各国通过这条关键纽带相互联系，进而形成休戚与共的利益共同体、责任共同体和命运共同体。大宗商品市场的积极发展可促进国际经济要素有序自由地流动，实现资源有效配置和市场深度融合，最终维护世界金融安全与稳定。

　　同时，作为世界大家庭的重要成员，大宗商品市场的发展也是我国金融"转型"中的重要一环。首先，大宗商品市场具备价格发现、商品定价、原材料储备、金融避险等关乎一国金融稳定与国家安全的关键功能，在当今风云变幻的国际形势下，大宗商品市场建设可以辅助我国"一带一路"战略的贯彻落实，对于我国掌握战略性能源、保障重要物资的安全供给举足轻重。其次，在"新常态"经济环境和供给侧改革的政策驱动下，大宗商品交易资产配置价值凸显。根据"美林投资时钟"理论，股票、债券、大宗商品、现金在经济周期的不同阶段配置资产比重不同。经过二十余年发展，我国成为全球个人财富第二大国，但同时面临经济下行、通胀上行的双重压力。大宗商品与股票、债券等资产价格相关性低的优势迅速显现，在机构投资者资产配置中的比重快速上升。[1]

---

[1] 根据美国投资公司协会（ICI）统计，商品型ETF资产管理规模从2004年的13亿美元增长至2012年的1 200亿美元，占全部ETF资管规模比例从2004年不到1%上升到2012年的10%。参考证监会发布，方星海：《发展大宗商品市场，促进财富管理健康发展》，at:http://www.sohu.com/a/150145303_355023.

当前我国大宗商品市场的发展水平与中国的全球经济地位不相匹配,从而衍生出一系列矛盾冲突。究其原因,我国大宗商品市场同时面临内生—外在的双重压力。

从内部环境看,我国作为制造业与国际贸易大国,商品市场的国际化程度严重不足。而我国大宗商品市场虽然体量巨大,商品交易份额居世界前列[1],已具有谋求世界金融治理的内生驱动力,但是决定大宗商品价格的核心结构性权力并未掌握在我国手中[2],庞大的贸易体量与我国当前的定价能力明显不符。有学者指出,这主要是由国内期货市场欠发达、大宗物资经营者多为垄断国有企业等原因引致的。[3]对外贸易依存度高、产业结构不合理、大宗进口物资国际定价权缺失导致"亚洲溢价",每年造成巨额财富流失。[4]同时,在内需不足和产能过剩的双重压力下,去产能、去库存、去杠杆、降成本、补短板成为当前主要经济任务。但我国以大宗商品为基础资产的金融产品占整体资管产品的比重仍较低,限制了居民资产配置商品的渠道。[5]

与内在压力相对应的是,英美等发达国家对国际大宗商品市场贸易规则的垄断对我国造成的外部压力。全球"已形成以芝加哥期货交易所(CBOT)农产品、伦敦金属交易所(LME)有色金属、纽约商业交易所(NYMEX)能源为主的三个交易市场"[6],美国商品期货交易委员会"帝国主义"正威胁全球交易。[7]寡头垄断下的国际大宗商品市场屡屡因国际投机资本的逐利行为而剧烈震动,致使大宗商品定价波荡起伏,供需关系失衡严重损害了以我国为代表的新兴经济体的利益。

其次,大宗商品交易市场的波动与我国金融政策产生交互影响。美元的世界货币地位实际赋予了美联储逾越大宗商品市场的超级定价权[8],这意味着美国可以通过货币政策影响国际大宗商品市场价格,并间接影响我国金融政策的制定。研究表明,大宗商品价格波动对我国CPI的影响程度可与货币供应量和产出缺口相提并论[9],国际大宗商品价格波动通过国内大宗

---

[1] 我国大宗商品期货成交量已连续7年居世界第一。截至2016年底,上海、大连和郑州三家商品期货交易所共成交商品期货约41.19亿元,约占全球商品期货与期权成交总量的近六成。参见时丁宁:《中国大宗商品期货成交量已连续7年位居世界第一》,at:http://www.chinanews.com/stock/2017/06-18/8253827.shtml;我国大宗商品现货交易量突破新高,其中铁矿石需求量占世界总需求量的66%,铜占46%,小麦占18%,大豆占50%左右。参见商务部:《2016年大宗商品现货市场成交额将突破43万亿》,at:http://mini.eastday.com/a/160924194109281.html,《一带一路"一箭三雕",中国大宗商品定价话语权逐步提升》,at:http://finance.huanqiu.com/br/focus/2016-02/8623589.html。
[2] 黄河、谢玮、任翔:《全球大宗商品定价机制及其对中国的影响:结构性权力的视角——以铁矿石定价机制为例》,《外交评论(外交学院学报)》2013年第2期。
[3] 王万山、伍469安:《我国争取大宗进口物资国际定价权的基本策略》,《贵州财经学院学报》2006年第5期。
[4] 中国证监会研究中心、北京证券期货研究院:期货组祁斌等:《多层次市场体系建设》,第8页。
[5] 方星海:《大宗商品具备资产配置价值 未来将取消有关政策限制》,《北京商报》2017年6月17日,at:http://finance.sina.com.cn/roll/2017-06-17/doc-ifyhfhrt4618945.shtml.
[6] 张红力、程实、万喆等:《中国金融与全球治理》,中信出版集团2016年版,第112页。
[7] Tom Braithwaite and Michael McKenzie, U.S. Rules Endanger Derivatives Reforms, FINANCIAL TIMES, Sept.27,2013 at p.1.
[8] 如石油和黄金以美元作为唯一计价依据,因而形成"石油——美元""美元——黄金"的价格关系。
[9] 陈玉财:《国际大宗商品价格波动与国内通货膨胀——基于中国数据的实证分析》,《金融评论》2011年第5期。

商品市场进而影响我国货币政策的传导机制已形成。[1]与此同时,由于人民币尚未实现国际化,以及汇率的特殊形成机制,又使得我国经济、金融政策反向影响着大宗商品的交易价格。[2]

中国大宗商品市场发展面临的首要问题就是在国际大宗商品市场的定价权缺失,这归根结底是由世界经济金融治理标准不公平造成的。对此,我们一方面需完善大宗商品的内部交易环境,宏观上整合国内大宗商品现货市场、中远期市场、期货市场,实现三者间互联互通,推进多层次大宗商品市场建设,形成统一的全国市场体系,微观上积极发挥大宗商品市场支持实体经济发展的功能;在风险可控的前提下研究推进商业银行、保险公司、养老基金和其他金融机构有序利用大宗商品市场进行资产配置,扩大以大宗商品为基础资产的金融资管产品的配比;拓展新型期货、期权合约的设计,完善合约品种体系;同时积极顺应金融创新下互联网金融发展浪潮,开创"互联网+大宗商品"的新模式。另一方面,通过积极推进人民币国际化的进程,建立以人民币为基准的定价、结算机制,完善大宗商品定价体系[3],打造我国在国际大宗商品交易中的核心竞争力;并通过参股、入股世界级交易所,参与世界大宗商品交易体制的规则制定,增强中国大宗商品的议价能力,改变国际市场忽视新兴经济体需求的现状。

习近平总书记在2016年二十国集团工商峰会(B20)上强调:"面对世界经济形势的发展演变,全球经济治理需要与时俱进、因时而变。全球经济治理应该以平等为基础,更好反映世界经济格局新现实,增加新兴市场国家和发展中国家代表性和发言权,确保各国在国际经济合作中权力平等、机会平等、规则平等……要共同构建公正高效的全球金融治理格局,维护世界经济稳定大局;共同构建开放透明的全球贸易和投资治理格局,巩固多边贸易体制,释放全球经贸投资合作潜力。"[4]在国际大宗商品交易中掌握主动权正是中国角逐全球经贸治理,进而引领广大发展中国家重建公平发展的国际金融新秩序的关键。因此,我们应当在中央的统一领导下,紧抓"一带一路"发展机遇,积极建设大宗商品市场,稳步提高我国在世界大宗商品交易中的定价能力与市场影响力,扩大在国际贸易市场中的话语权,为产业经济发展与商品贸易竞争创造更加公平的国际环境;并充分发挥大宗商品市场金融治理与国际贸易治理的结构性功能,进一步利用大宗商品交易平台对冲贸易、金融风险,维护国家金融稳定与安全。

西南财经大学　田野
2017年8月

---

[1] 傅长安、黄朱叉、李红刚:《金融危机下国际大宗商品价格波动对我国货币政策的影响研究》,《武汉金融》2009年第11期。
[2] 曾才生:《大宗商品国际定价权的金融视角分析》,《求索》2010年第11期。
[3] 胡俞越、刘志超:《一带一路与大宗商品定价权》,《中国金融》2015年第17期。
[4] 习近平:《出席2016年二十国集团工商峰会开幕式并发表主旨演讲》,转引自张红力、程实、万喆等:《中国金融与全球治理》,中信出版集团2016年版,第17—18页、第10页。

第8部分

附 录

特别鸣谢为本蓝皮书撰写提供支持的机构（按首字母排序）

ACY稀万、ADS Securities、AETOS CAPITAL GROUP、AFUFX、alpari艾福瑞、AvaTrade爱华、AxiTrader、Bacera澳洲百汇、BCFX奔德尔、Benefit Zone Global宝富国际、佰利安环球投资有限公司、Brickhill Capital赢磐国际、City Credit Capital UK、CityWealth西城集团、CMG迈捷、大田环球、大田环球贵金属、Darwinex、帝国汇IMPFX、EightCap易汇、EratoFX亿瑞拓、e投睿eToro、EWGfx、FCT领先外汇、FOREX.com嘉盛集团、FXBTG Financial Limited、FXCM福汇、Fxprimus、FxPro浦汇、FX88、富格林有限公司、福瑞斯金融集团（Forex Club）、GKFX捷凯金融、GLO、Global Market Index Limited、Goldland Capital Group、GO Markets高汇、GSCMfx、国盛金业有限公司、HYCM兴业投资（英国）、ICM Capital英国艾森、Just2Trade捷仕交易、金荣中国金融业有限公司、klimex、KVB Kunlun、老虎外汇、Longasia Group长亚外汇、玫瑰石外汇、NCL纽卡斯集团、OANDA、Pepperstone Group Limited澳大利亚激石集团有限公司、瑞讯银行Swissquote Bank、SAXOBANK机构业务、Synergy Financial Markets Pty Ltd、斯珂国际circlefx、三立集团SL INDUSTRIAL CO LIMITED、塞浦路斯金道成有限公司、狮子金融集团、TempleFX坦普外汇、天津贵金属交易所、Trilt limited、UBANKFX、USGFX联准国际、Vantage FX、Windsor Brokers温莎经纪、韦德国际、XCOQ爱客金融、XM、香港国泰金业有限公司、英国特汇TeraFX、英国SVSFX、英诺创新企业管理咨询有限公司、易信easyMarkets、Z.com Trade。

天津贵金属交易所

www.tjpme.com　　　TEL: 4009-220-100

天津贵金属交易所（以下简称"津贵所"）是根据国务院关于《推进滨新区开发开放有关问题的意见》（国发〔2006〕20号）的政策精神，经津市政府批准，由天津产权交易中心发起设立的公司制交易所。津贵所注资本金为一亿元人民币，由中国中信集团控股，天津产权交易中心、中国金集团公司等企业参股。津贵所营业范围为"贵金属（含黄金、白银）、色金属、黑色金属、金属材料、钢材及其制品、矿产品及其原料（不含煤）、化学产品(不含危险化学品)、农副产品现货批发、零售、延期交收，为其提供电子交易平台；自有房屋租赁；以上相关的咨询服务（依法须经准的项目，经相关部门批准后方可开展经营活动）"。

津贵所立足于为大宗商品现货交易和风险管理提供综合性解决方案，津所于2010年2月开始试运行，2012年2月正式运行。

2016年6月6日，津贵所创新性地推出现货挂牌模式，以"LeadingEX"货交易交收系统为平台，以非标准化产品的挂牌摘牌交易为核心，辅以物、金融、定制等配套性综合服务，将更有效满足参与方的现货贸易及风险理需求，服务实体经济。

津贵所的设立是滨海新区金融先行先试的重要创新实践之一，是对我国金属市场体系的补充和对商品市场体系的完善，有利于规范和引导场外贵属交易市场发展。未来津贵所将不断完善会员服务和定价机制，继续领航内交易市场，并在国际市场中占有一席之地。通过津贵所的交易交收体系完善及交易品种的丰富，达到促进商品流通的交易所服务职能，增强交易在行业中的竞争力，打造津贵品牌特色，切实做到大宗商品市场服务实体齐的政策要求。

TPME
Tianjin Precious Metals Exchange
天津贵金属交易所

天津贵金属交易所

www.tjpme.com　　　　　　　TEL: 4009-220-100

以诚信铸就品牌基础　以创新引领市场脉动　以安全承载投资信心

开拓创新　　奉公守法
规范交易　　防范风险

中国职工教育和职业培训协会培训项目

外汇资产管理师　　贵金属交易师
珠宝玉石交易师　　原油交易师

中国职工教育和职业培训协会（简称中国职协），是具有法人资格的全国性社团，由全国各级各类企业、事业及行政单位从事职工教育、职业培训、职业技能鉴定工作的部门或个人自愿结合组成，是非营利性社会团体，是联合各部门、各行业、各地区在确定的工作领域配合政府进行具体工作的全国性专业法人团体。

中国职协受人力资源和社会保障部、民政部的业务指导和监督管理。

中国职协现由人力资源和社会保障部副部长孙宝树同志担任会长。

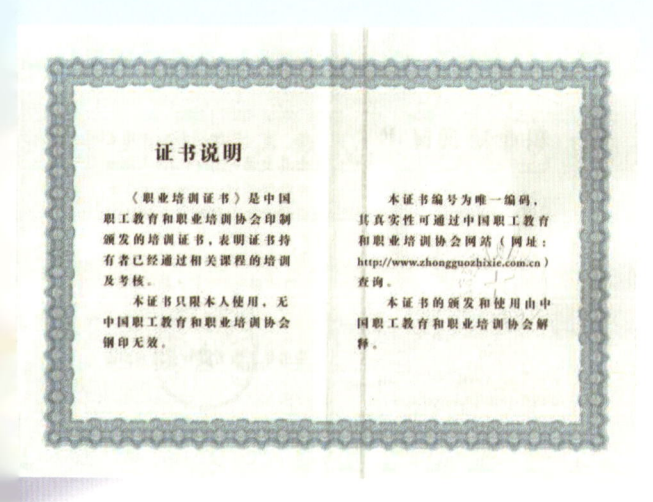

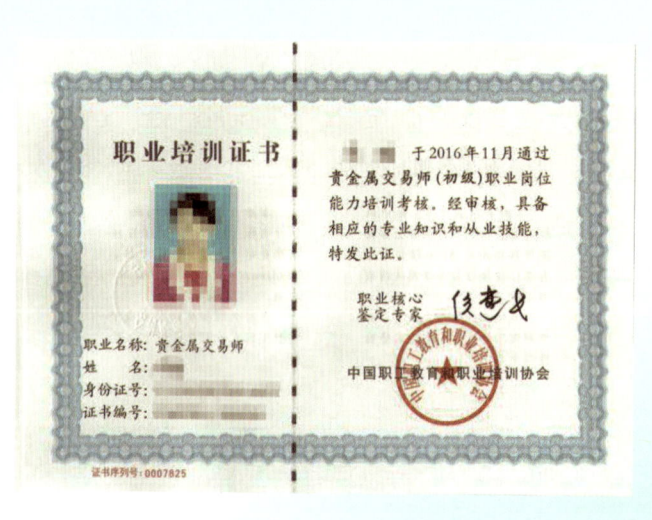

中国生产力促进中心协会普惠金融服务工作委员会

联系方式：
通信地址：北京朝阳区东三环中路39号建外SOHO西区14号楼2105
联系电话：
010-5603 9588
010-5847 2331
010-5847 2332
委员会官网：www.zgsplt.org.cn
电子邮箱：zghmpx@126.com
微信公众号：惠民技术培训

中国生产力促进中心协会
普惠金融服务工作委员会

　　中国生产力促进中心协会普惠金融服务工作委员会是由全国各阶层企业、事业单位及其相关机构、社团自愿组成的全国性、非营利性、自律性组织，是跨地区、跨部门、跨所有制的全国性行业社团，是联系政府、服务社会的桥梁和纽带。负责全国普惠金融服务工作，主要职责是从事和普惠金融服务有关的行业自律、信息交流、政策辅导、标准制定、学术研究、咨询服务、教育培训、展览展示等工作。现有全国副会长单位三十余家、专业人才教学基地数十个。

　　委员会先后创立并负责管理培训由中华人民共和国人力资源和社会保障部中国职工教育和职业培训协会颁发的：《贵金属交易师》、《石油交易师》、《外汇资产管理师》、《珠宝玉石交易师》职业技能培训项目。经培训考试合格者颁发相应的专业能力证书，证书可在中国职工教育与职业培训网和中国生产力促进中心协会普惠金融服务工作委员会网站查询。